জীবন পথে

রমাপ্রসাদ মণ্ডল

editionNEXT, Kolkata, India
www.editionnext.com

"Jiban Pathe" :: A Collection of Bengali Poems by Ramaprasad Mondal

© Author

International Edition

Cover: Uday Bhattacharyya

First Edition: February 2024

Publisher: Mousumi Bhattacharyya
FD 16/1, Baguiati, Kolkata- 59
Website: editionNEXT.com
Facebook: facebook.com/editionnext
Twitter: twitter.com/editionnext
eMail: Link "Contact Us" in editionNEXT.com

উৎসর্গ

মানব প্রীতির জ্ঞান বিবেকের দৃষ্টি আকর্ষণ করে
স্বামী বিবেকানন্দকে উৎসর্গ করলাম।

ভূমিকা

"জীবন পথে" বইটি সামাজিক সভ্যতার পরিকাঠামোর উপরে মানব প্রীতির বন্ধন। জ্ঞান সমুদ্র মন্থনে উঠে আসা জ্ঞানদীপ্তি রস প্রবাহ করে। বিবেক শিক্ষার প্রস্ফুটিত যুগযুগ মানবিক সভ্যতার আলোয় আসা, মানবিক ধর্ম মানব কুলের স্বার্থকতা। মানব আত্মীয় মানব শিক্ষায় আলোকিত নবীন জগৎ সৃষ্টি।

পূর্ব প্রকাশিত দুটি বই ২০২১ সালে "মেঘের আঁচল" এবং ২০২২ সালে "গোধূলি রঙ" এর পর "জীবন পথে" আমার তৃতীয় কাব্যগ্রন্থ। বইটি পাঠক মহলের কাছে গ্রহণযোগ্য হলে আমার প্রচেষ্টা সফল মনে করব।

রমাপ্রসাদ মণ্ডল
পো: পিখিরা
থানা: ফলতা
জেলা: দক্ষিণ ২৪ পরগণা
পশ্চিমবঙ্গ, ভারত
পিন: ৭৪৩৫১৩
ফোন: ৭০৭৬৮৩১৭৮১
তারিখ: ০৮ ফেব্রুয়ারি ২০২৪

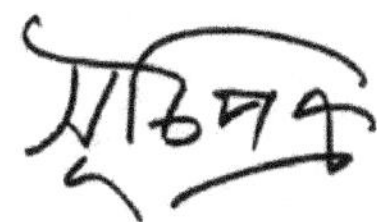

সূচিপত্র

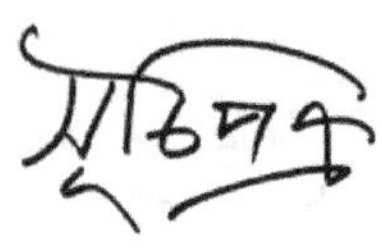

সূচিপত্র

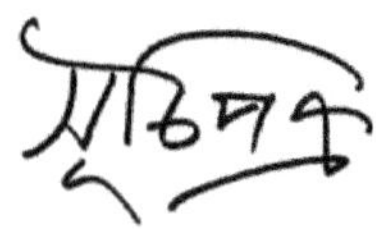

সূচিপত্র

জ্ঞানের আলো

নববর্ষের নবীন প্রভাত
নবীন আশার আলো,
নতুন করে বাঁচতে শেখা
সবার সুখে ভালো।

মনের যতো দুঃখ ব্যথা
মুছে ফেলে আজি,
পুরোনো দিন ভুলে গিয়ে
ওঠো নতুন সাজি।

হৃদগগনে জ্ঞানের রবি
কিরণ দিয়ে হাসি,
মনের মলিন মুছে ফেলে
খুশির বন্যায় ভাসি।

স্বপ্ন কতো মনের মাঝে
সবার সুখে সুখী,
ভালোবাসার জগৎ গড়ে
সভ্য সমাজ মুখী।

সবাই সবার আত্মজনে
সভ্য শিক্ষা জ্ঞানে,
মানব জাতি ধন্য ধরায়
গৌরব কর্ম ধ্যানে।

বইয়ের পাতায় জ্ঞান থাকে না
জ্ঞান যে নিজের ভাবে,
নিজস্ব তার অস্তিত্ব জ্ঞান

নিজের হৃদয় পাবে।

শিক্ষিত আর অশিক্ষিত
বিবেক জ্ঞানে কর্মে,
সবার সুখে সুখী জীবন
মানবিক সেই ধর্মে।

ঈর্ষা ঘৃণা আত্ম অহং
দূরে যদি থাকে,
মানব জাতি প্রীতি ডোরে
সভ্য মানে রাখে।

সবাই সমান মানব ভবে
কর্মে মহান হবে,
মানব মাঝে বিরাজ করে
সবার প্রভু সবে।

সবার মাঝে ঈশ্বর খুঁজি
হৃদয় খুশি করে,
সবাই সবার প্রভু জানি
জ্ঞানের আলোয় ভরে।

ফাগুন মনে

ফাগুন মনে বসন্ত আজে
আশার কোকিল মধুর সুর,
শিমূল পলাশ রাঙায় আছে
হাসছে গাছে গাছে দূর।

স্বপ্ন রঙিন মায়ার নেশা
যৌবন ঢেউ তুলে যায়,
মন ভ্রমরায় নেচে নেচে
ফুলের বনে আশায় হায়।

দুখের সাগর পাড়ি দিয়ে
সুখের তীরে এসে সেই,
খুশির জোয়ার হৃদয় ভরে
বসন্ত সুর বাহার যেই।

প্রকৃতির রূপ পূর্ণ শশী
আলোক ঝর্ণা ধারা বয়,
বৃক্ষ-শাখা নবীন সাজে
যৌবনের রূপ ধরে রয়।

উদাস মনে বিরাজ করে
খুশির গোলাপ দলে দলে,
মাটির ভুবন স্বর্গ সাজেই
নয়ন লোভন করে চল।

স্বচ্ছ মনে

হৃদভূমিতে সোহাগ মেখে
দিবস রাতি আসি,
ভালোবাসার বৃক্ষ রোপন
ফোটাও কুসুম হাসি।

মানুষ সবাই আত্মজনে
সবার মাঝে তিনি,
বিশ্বব্যাপী সেই বিধাতা
সবার সুখে যিনি।

ভালোবাসা কাঁচের ঘেরা
স্বচ্ছ মায়া ঘরে,
সৎ আদর্শের বিশ্বাসী সেই
তবে আপন করে।

সাধুর সাজে পোশাক পরে
মহান কিছু নয় যে,
মনটা সাধু করতে হবেই
তবে গুণী হয় সে।

ভালো কাজে থাকতে হবে
তবে ভালো কথা,
কর্ম গুণে মহান বিজয়
পুণ্য মানব যথা।

স্বার্থক জীবন

মানুষ রূপে মানুষ হয়ে
মনুষ্যত্ব হীনে হয়,
মানুষ খুঁজে অবুঝ মনে
বেড়ায় ঘুরে দেখা নয়।

বিবেক জ্ঞানে মহান মানব
এই তো পেতে আশা চাই,
তার চরণে প্রণাম করি
পুণ্য হবে হৃদয় তাই।

বয়স নয় যে শিক্ষিত নয়
জন্ম জাতি সবে নয়,
মানবিক জ্ঞান থাকতে হবে
তারি জন্য ধরা রয়।

এমন কেউ সে আছে ধরায়
তার পুণ্যে জীব জগৎ হয়,
হিংসা ঘৃণা লোভে ক্রোধে
শান্তি সুখের হয় যে লয়।

সবার সুখে সুখী হলে
তবে নিজের সুখী মন,
সবাই থাকি মিলেমিশে
স্বার্থক হবে এই জীবন।

মানব পরিচয়

সবার চলে যেতে হবে
কেউ নয় ধরায় যে সে রবে
চলে যায় সবে যেই মায়ায় বাঁধন ছিঁড়ে,
ঘনো আঁধার মাটির ঘরে
চির নিদ্রায় আপন করে
চির শান্তির নীড় তাই আসবে না যে ফিরে।

ভবের হাটে ভীড় করে যে
বেঁচাকেনা ক'দিন আর সে
আমার আমার করে সবে লীলা খেলা,
স্বার্থ খুঁজে বেড়ায় কতো
লোভী মানুষ আছে যতো
বোঝেনা সে কখন শেষের ভবো মেলা।

আগে পরে যেতে হবে
সবার জগৎ ছেড়ে তবে
সময়ের ডাক এলে থাকবে না কেউ আরে,
আত্মজনে সবে জানে
পুণ্য কর্মে পরিত্রাণে
ক'দিন পরে সবাই যাবে ভুলে তারে!

ভেবে দেখো কেউ কারো নয়
বিধির বিধান এমন হয়
সভ্য জাতি মানব সুস্থ সমাজ গড়ি,
যুগযুগ ধরে সভ্যতার আশ
হৃদয় মাঝে সবার বাস
মানব জাতির মহান পুণ্য হৃদয় ভরি।

নীরব যন্ত্রনা

কাউকে যদি খুন করিলে
কষ্ট অনেক তারে,
মরে গিয়ে শান্তি পায় সেই
ভুবন মাঝে আরে।

কারো মন খুন করে যদি
সারাজীবন ব্যথায়,
যন্ত্রনা যার হয় সেই বোঝে
নীরব কান্না যে হায়।

ভালোবেসে নিজেকে সেই
অজান্তে যে হারায়,
পবিত্র সেই সম্পর্কে যেই
জীবন পণে সে যায়।

ভালোবেসে অভিনয় সেই
হৃদয় খুনি হবে,
জীবন ভরে পায়না ফিরে
বিশ্বাস ভেঙে তবে।

সুখের ঘরে আগুন দিয়ে
অট্টহাসি হাসে,
নিজের কপাল পুড়ে শেষে
অশ্রুবারি বারি ভাসে।

সর্বব্যাপী তিনি

তুমি অনাদি অনন্ত অদ্বিতীয় প্রভু,
তোমার মহিমা বোঝা যায় না যে কভু।
তুমি দয়াল কৃপায় করুণার সিন্ধু,
তুমি প্রেমসুধা গলে ঝরে বিন্দু বিন্দু।

দীনের বন্ধু যে তুমি দীনবন্ধু নামে,
সর্বশ্রেষ্ঠ সর্বব্যাপী আছো সর্বধামে।
স্বর্গ মর্ত্য পাতালের অধিপতি স্বামী,
তোমাকে কি করে চিনি অধম যে আমি।

সাধনায় ভজনায় মেতেছি স্মরণে,
তোমার সেবক আজি তোমার চরণে।
আকাশ বাতাস আছে চন্দ্র গ্রহ তারা,
রবির কিরণ হাসে তোমার ইশারায়।

বৃক্ষ-শাখা পশু পাখি তোমার ভেলায়,
আছে সবে চড়ে তবে ভুবন মেলায়।
তোমার সে ইশারায় দিন রাত হয়,
তুমি প্রভু বিশ্বব্যাপী সবার হৃদয়।

সবার মাঝে বিরাজ করো প্রভু তুমি,
ফুলে ফলে সেজে আজি এই পুণ্য ভূমি।
পাহাড় নদী সাগর অসীম ধরায়,
পুরুষ ও নারী রূপে প্রকৃতি ভরায়।

সৎ আদর্শে

অসৎ হয়ে সাধুর সাজে
ভালোর মুখোশ রয়,
সত্যি সাধু যদি না হয়
হয় না কভু জয়।

যুগযুগ ধরে সভ্যতা রয়
শিক্ষা জ্ঞান যে পায়,
বিবেক শূণ্য সবে নয় যে
সৎ আদর্শের চায়।

মানুষ সবার আগে ধরায়
আপন করে পাই,
জন্ম জাতি হিসাব কষে
বাঁচতে কঠিন তাই।

সৃষ্টিকর্তা সবার জন্য
তিনি একজন যেই,
তারি সন্তান সবাই সমান
মানব জগৎ সেই।

কর্ম গুণে মহান হবে
সত্যি কথা যে,
ভালোবাসার ভুবন গড়ে
শান্তি সুখে সে।

চিরসুখী

মনের সুখের অসুখ বিসুখ
থাকে ভয়ে ভয়ে,
কখন হাসায় কখন কাঁদায়
মনে মনে রয়ে।

দুখে আমি ভালোই থাকি
সুখের আশা নয়,
সুখ যে শুধুই মরিচিকা
দুখে ভালো রয়।

সততার সেই গলা টিপে
অসতেরা হাসে,
সৎ আদর্শে আঁখি অশ্রু
অঝরে যে ভাসে।

সুখের কথা গেছি ভুলে
দুখে ভালো থাকি,
কষ্ট যতো আসে আসুক
তবু প্রভু ডাকি।

সবার সুখে সুখী ভাবি
ভালো আছি প্রভু,
সবাই দেখি আত্মজনে
অভিমান নেই কভু।

জীবনের জন্য

হিংসা মনে পুষে রেখেই
জনম গেলো দুখ,
সবার ভালো দেখে যাওয়ায়
থাকে জীবন সুখ।

জীবন পথে চলতে গিয়ে
লোভের পথে যায়,
সুখের তারে আশায় মরে
ভাগ্য দোষে হায়।

অসৎ পথে চলার আগে
একটু ভাবো তাই,
আপন দোষে দোষী হয়েই
কপাল দোষে পাই।

মানব হয়ে জন্ম নিয়ে
বিবেক জ্ঞানে পায়,
সবার সুখে সুখী জীবন
নিজের মনে চায়।

মানব মাঝে বিরাজ করে
তোমার প্রেমে হয়,
তুমি সবার আপন জনের
ভুলবে না যে নয়।

নারী মাতৃস্নেহ

নারী নয় তো পণ্য বস্তু
নয় তো খেলনা ঘরে,
ইচ্ছে মতো বেচাকেনা
নিজের সুখী করে।

আখের মতো নিংড়ে নিয়ে
ভূষি ফলে দিয়ে,
প্রয়োজনের বস্তু সে নয়
আপন করে নিয়ে।

নারী শুধু নারী নয় যে
মায়ের স্নেহ ছায়া,
সকল বিপদ ঘিরে যখন
কাঁদে মায়ের মায়া।

নারী রূপে প্রকৃতি সেই
বিশ্বমাতা বলে,
অশুভ সেই সংহারিনী
ধরায় রক্ষা চলে।

গৃহলক্ষ্মী প্রদীপ জ্বেলে
শঙ্খ নিয়ে হাতে,
তুলসী তলায় ঘোমটা মাথায়
সবার কল্যাণ সাথে।

সবার সুখে

যে নিজের সব সুখ ভুলে যায়
সবার সুখে সুখী হতে গিয়ে,
শেষে সে যে সবার কাছেই
অপরাধীর দুর্নাম নিয়ে।

সবার দেখায় যে আলোর পথ
তাকে আজ সেই আঁধার ঘিরে,
অসহায় আজ নীরব কান্নায়
দুখের তরী ধীরে ধীরে।

যাদের মায়ায় ভুলে ছিলো
জীবন চলার পথে পথে,
তারা হারায় নিজের সুখের
নতুন জগৎ নতুন রথে!

অর্থ সুখ সব যাদের জন্য
সব অকৃপণ হাতে দিলে,
সব উপহাস করে যায় সব
দুঃখটা কেউ না সেই নিলে।

সুখের সময় সবাই ছিলো
কতো কাছে আপন করে,
দুঃখের দোরের গোড়ায় কেউ নেই
কতো শিখলাম জীবন ভরে।

সবার কাছে ভালো হওয়া
অতি জটিল বাস্তব কথা,
সভ্য যুগের শিক্ষা জ্ঞানে

সুস্থ সমাজ গড়তে ব্যথা।

অন্ধ মানুষ স্বপ্নে বিভোর
আশার জগৎ নিয়ে থাকে,
আশায় আশায় কতো আশা
ভালোবাসা না যে রাখে।

স্বার্থের পিছু ছুটে বেড়ায়
স্বার্থের সার না বোঝে ওরা,
মায়া জালে জড়ায় পড়ে
জীবন শুধু আশায় ভরা।

গোনা দিনের খাতার পাতায়
একে একে সব শেষ হয়ে আসে,
কখন যে কার ঘণায় আঁধার
বিদায়ের ডাক এসে হাসে।

শিশু সমান মন অবোধের
ওদের ক্ষমা করো তুমি,
তোমার সন্তান সব পবিত্র
ওদের জীবন মরুভূমি!

মরুভূমির মাটিতে সব
তোমার কৃপায় হবে সবে,
অপরূপের কুসুম বাগে
সৎ আদর্শের সৃষ্টি হবে।

তুমি তোমার করে নাও সব
সারাজীবন সাধনায় এই,
সবার পরম গতি লাভের
জন্য প্রভু অপেক্ষায় যেই।

প্রকৃতি বাঁচাও

সবুজ ঘেরা ধরা হলে
জীবন বাঁচে তবে,
সবাই মিলে বৃক্ষ রোপন
স্বপ্ন রঙিন ভবে।

পাহাড় নদী ঝর্ণা ধারায়
প্রকৃতি রূপ ধরে,
সুস্থ সমাজ গড়তে হবে
দূষণ মুক্ত ভবে।

শিক্ষা জ্ঞানের আলোয় দেখো
নিজের জীবন ভালো,
সৎ আদর্শের সভ্য জাতির
ঘুচাও দুখের কালো।

দুখের আঁধার আসুক যতো
যুগযুগ ধরে রবে,
মানব জগৎ বাঁচবে সুখে
প্রকৃতি রূপ হবে।

বৃক্ষ রোপন করতে হবে
বিশ্ব ভুবন সবে,
মরুভূমির সাগর দূরে
সিগ্ধ বাতাস কবে?

কেন ময়লা আবর্জনায়
খালবিল কেন ভরো,
সভ্য জগৎ গড়তে সবে
সচেতন সব করো।

সবার প্রভু

জীবন ভরে খুঁজে বেড়াই
দেশ বিদেশে ঘুরে,
পাই না প্রভু তোমার কাছে
আছি দুখে দূরে।

খুঁজি নাই যে দেখি নাই সে
আপন গৃহে তবে,
পিতা মাতার মাঝে আছো
সদয় হয়ে ভবে।

দেখেও দেখি নাই যে তোমার
অন্ধ আমি রয়ে,
মানব মাঝে বিরাজ করে
আছো প্রভু হয়ে।

যুগযুগ ধরে সভ্যতায় হয়
সৎ আদর্শের হয় জয়,
সৎ মনে জ্ঞান চক্ষু দেখো
তিনি আছে হৃদয়।

সবাই সবার প্রীতি ডোরে
ধন্য জগৎ হবে,
সুস্থ সমাজ গড়তে হবে
সভ্য জাতি ভবে।

খেলা ঘর

কতো আশা নিয়ে বেঁধেছি এ বাসা,
আসে মনে প্রাণে শত ভালোবাসা।
ভাবিনি আমি যে হবে খেলাঘর,
দিনে দিনে সব হবে স্বার্থপর।

বিরহ বেদনা কেঁদে কেঁদে হায়,
সুখের স্বপ্ন যে হারিয়ে সে যায়।
নীরব কান্নায় শুধু অশ্রু ঝরা,
আঁধার ঘিরেই যেন আছে ধরা।

ক্লান্ত যে হয়েই শান্তই হয়েছি,
নিরাশার পথে পথেই হেঁটেছি।
সব আশা ভেঙে হয়ে আশা হীনে,
সব দুখ সহে ভালোবাসা দিনে।

যার কিছু আছে হারায় তো তার,
যার নেই কিছু নেই হারাবার।
যার কিছু থাকে সেটা নিয়ে থাকে,
যার কিছু নেই পৃথিবীটা ডাকে।

যে সবার মাঝে খুঁজে ভালোবাসা,
সেই ধন্য হয় পায় সুখী আসা।
পবিত্র প্রীতিই সবার যে আশা,
দিতে হবে সবে তবে ভালোবাসা।

বিজ্ঞানের জয়

বিজ্ঞান আর প্রকৃতি লড়াই যে চলে,
বেঁচে থাকার জন্যই সবাই সে বলে।
কখনো গভীর জলে সাগরের তলে,
যায় সেই মহাকাশে গবেষণা দলে।

প্রকৃতি জীর্ণজ্বরায় ক্লান্ত হয়ে পড়ে,
আপন চলার গতি নয় পারে ধরে।
অকালে বৃষ্টি ঝরায় ঝড়ের দাপটে,
মানুষেরা গৃহহারা মানে না সাপটে।

সজাগ হয়ে সবাই নিরাপদে থাকা,
বিজ্ঞানে আজ উন্নতি আগে সতর্কতা।
নানান রোগে ভোগেই মানুষ সবাই,
নিত্য নতুন ঔষধে চায় সে বাঁচাই।

পায়ে হাঁটা ছেড়ে দিয়ে শুধু গাড়ি নয়,
মহাকাশে দিচ্ছে পাড়ি বিজ্ঞানের জয়।
মানুষ কেটে জোড়ায় সাফল্য বিজ্ঞান,
মানুষ মানুষের যে বাঁচায় সে প্রাণ।

এখন দেশে বিদেশে খবর রাখেই,
ঘরে নেটওয়ার্কের সব খবরেই।
উন্নতি হোক সবার হয়েই বিজ্ঞানে,
ক্ষতির কারণে নয় হয়ে সে মহানে।

জ্ঞানে গুণে পূজিত

বৃথা হবে জন্ম তোমার
মানবিক না হলে,
ধন্য জীবন চলার পথে
সদাচারী বলে।

আত্ম অহং ত্যাগে হবে
মানব মহান কবে,
জ্ঞানে গুণে পূজিত হয়
সবার কাছে তবে।

যতো ভাবি আমার আমার
কিছু নয় যে তোমার,
তুমি যে কার ভাবো একবার
কদিন মায়া যে আর।

সময়ের ডাক আসে যখন
যেতে হয় যে সবার,
চিরদিন নেই অধিকার সেই
ভবো মেলায় থাকার।

এমন সেই কাজ করে যাবে
মরে অমর হবে,
সবার মুখে সুনাম পাবে
স্বার্থক জীবন ভবে।

সৎ কাজে

চাও যদি সুখ মুছে ফেলো দুখ
ভালো মনে করো কাজ,
হৃদে নয় ভয় হবে ভাবো জয়
সৎ মনে জ্ঞানে আজ।

মন গুণে ফল সৎ পথে চল
সবে সুখ পাবে তবে,
ভালো কাজে থাকি সবে কাছে ডাকি
সবে মিলে খুশি হবে।

যতো বাধা আসে তবু আশা আশে
সৎ কাজে হবে জয়,
মন ভালো রাখো ভেবে ভেবে থাকো
মনে কোনো নয় ভয়।

দোষী হলে ভবে ভয়ে ভয়ে তবে
মনে মনে হয় ক্ষয়,
দুখে দিন যায় ভেবে মনে হায়
মনে সুখ কভু নয়!

মহান রাজা

রাজা করে যায় রাজ্য শাসন
রাজার শোনায় রাণী,
রাণীর কথায় রাজ্যে সুনাম
শান্তি সবার মানি।

রাণী যে রাজাকে ভ্রমণ বিলাসী
ভোগের বিলাসে থাকে,
প্রজারা সবাই বন্যায় ভাসে
হাহাকার করে থাকে!

ঘরবাড়ি সবে ভেঙে গেছে ভেসে
অনাহারী হয়ে আজ,
গাছে গাছে বসে রাত কাটে হায়
ছিন্ন বস্ত্র সাজ।

তবুও বলে যে হাসি মুখে কথা
ভয়ে ভয়ে ভালো আছি,
রাজার সুনাম করতে হবে রে
তবে সবে প্রাণে বাঁচি।

রাজার মহান সেই অবদানে
সবে সুখে আছি তাই,
মিলেমিশে সবে রাণীর চরণে
পূজিতে হবে যে ভাই।

রাণী শেষে ভুল ভেঙে গিয়ে আসে
রাণী সব শুনে জেনে,
রাজারে বলে সে রাজ্য চালাও
তোমার ইচ্ছায় মেনে।

প্রজারা সবাই সুখের সাগরে
ভেসে যায় খুশি প্রাণে,
রাণীরে মহান প্রজারা ধরায়
রাণীরে মহান মানে।

সুখের স্বর্গ

এই মনে শুভ ক্ষণে আছি সবে কাজে,
সুখে থাকি সুখে রাখি নানা রূপে সাজে।
সুখে সবে থাকি ভবে মন পাখি আশে,
দূরে দূরে সুরে সুরে গান গেয়ে ভাসে।

সদা সবে আছি ভবে অবসর নেই,
সব সুখে নেই দুখে মন ভরে সেই।
মধু বনে প্রেম ক্ষণে মনের ফাগুনে,
রঙ লাগে আশ জাগে যৌবন আগুনে।

মনে মনে ক্ষণে ক্ষণে ভ্রমর মাতালে,
ফুলে ফুলে দুলে দুলে ডাকে তালেতালে।
ভবো মাঝে প্রিয়া সাজে কর্ম গুণে ফলে,
ভালো বাসা কতো আশা পবিত্র সুফলে।

সব গড়ে সুখ ঘরে আলো জ্বেলে থাক,
দুখ কথা সব ব্যথা যাক চলে যাক।
সবে মিলে সুখ দিলে জোয়ার যে তুলে,
ভবো নদী পারে যদি সবে ঢেউ দুলে।

সভ্য জাতি সবে মাতি ধন্য পুণ্য হবে,
সব সাথী এক থাকি মহান সে তবে।
স্বপ্ন মায়া ঘিরে কায়া সবার জীবনে,
নয় একা সুখে দেখা হয় রে মৌবনে।

সাহিত্য

সাহিত্য হয় সবার জন্য
সবে মিলে মিলন খেলা,
সবার সাথে হাতে হাতে
হাত মিলিয়ে ভুবন মেলা।

সাহিত্য সব শিক্ষা জ্ঞানে
সুস্থ সমাজ গড়ে রবে,
মনের মলিন ধুয়ে মুছে
সাহিত্য হয় প্রেমিক তবে।

ঈর্ষা ঘৃণা লোভে ক্রোধে
ধৈর্য্য ধরতে হবে সবে,
সুন্দর ভুবন জুড়ে রবে
শান্তি ছোঁয়া পাবে ভবে।

সাহিত্য নয় সহজ সবে
ভেবে দেখো হৃদয় দিয়ে,
জ্ঞানের আঁখি মেলে সবে
মানব সভ্য বিশ্ব নিয়ে।

শিক্ষা জগৎ প্রকাশ করে
সাহিত্য সব হৃদয় ভরে,
শিক্ষা জগৎ থেকে যেন
উঠে আসে আপন করে।

সবার দুঃখ ব্যথা সবে
যেন হতে অনুভবে,
সবে সবার প্রীতি ডোরে

শান্তির দূত হতে হবে।

সৎ আদর্শে সাহিত্য হোক
সভ্য যুগের সভ্য শিক্ষা,
শিক্ষা জাতির মেরুদণ্ড
জ্ঞানের কিরণ দেবে দীক্ষা।

জ্ঞান নিজস্ব অস্তিত্ব সেই
জ্ঞানের আলোয় সাহিত্য হোক
সাহিত্য নয় সামান্য সেই
বিশ্বমানব সাহিত্য ভোগ।

ন্যায় সংগত নিরপেক্ষ
সমাজ স্রষ্টা সাহিত্য পাই,
সবার সুখে সুখী জীবন
বাঁচিবারে সাধনা তাই।

সুন্দর ভুবন গড়ে তুলতে
সবে কলম তুলে নিতে,
ক্ষতি কী হয় জীবন যুদ্ধে
মানবিক সেই সুস্থ দিতে।

নিজেদের সব গড়ে দিতে
ভবিষ্যতের সবার জন্য,
ভবিষ্যৎ সেই সে প্রজন্মের
শিক্ষা জগৎ গড়ে ধন্য।

সবার আগে মানুষ ভবে
সবাই সবার আত্ম-জনে,
মানব ধর্ম শ্রেষ্ঠ জগৎ
মানব সত্যি জ্ঞানী-মনে।

সত্যের পথে

জীবন চলার পথে পথে
সত্যের সাথী হবে,
জ্ঞান বিবেকের কর্ম দিয়ে
আত্ম শুদ্ধি তবে।

কর্ম গুণে মহান বিজয়
রয়ে সবার হৃদয়,
মরে অমর হবে ধরায়
সৎ আদর্শে সদয়।

সবার সুখে সুখী হলে
শান্তি আসে মনে,
জীবন সুখী সবার সাথে
থাকে ক্ষণে ক্ষণে।

হিংসা ঘৃণা সবে ভুলে
সভ্য সমাজ গড়ে,
আত্ম অহং ত্যাগে হবে
সুখী জীবন ভরে।

সবাই তোমার আত্মজনে
তুমি সবার সুখে,
মহান মানব প্রণাম যোগ্য
বলবে সবে মুখে।

জনম দুঃখীনি

অতিথি পাখি হয়ে এলেই
বিদেশিনী যে মনে,
মনের ঘরে ভালোবেসেই
মনের কোণে কোণে।

সুখের কতো স্বপ্ন ঘিরে
আছে হৃদয় জুড়ে,
জীবনের সে নব প্রভাতে
আশা নবীন সুরে।

তোমার আসা যাওয়া পথে
আমি কান্না হাসি,
যুগেযুগে যে ধরনী আমি
আমার সুখের ফাঁসি।

তবু তোমার আসা আশায়
পথ চেয়েই থাকি,
বারেবারে যে কাঁদায় যাও
বেদনা বুকে রাখি।

অজানা স্রোতে আঁধার দেশে
সময় ডেকে যায়,
অসহায় যে আমি নীরবে
আঁখি বারিতে হায়।

ভুবন মেলা কেমন করে
প্রকৃতি ঝড় বয়ে,
কখন কোথা যায় হারিয়ে
সুখের আশে রয়ে।

জীবন পথে

ভবো সাগর পার হবে যে
জীবন তরী বয়ে বেয়,
সৎ আদর্শের পাল তুলে দে
দুখের আঁধার আসছে ধেয়ে।

ক'দিনের যে রঙিন স্বপ্ন
আপন মায়া খেলা ঘরে,
কখন আছি কখন যে নেই
সকল মায়া ছিন্ন করে!

আসা যাওয়া বিধির লীলায়
কর্ম গুণের ফসল ফলে,
আছে হাসি কান্নায় ঘিরে
সুখের স্বর্গে পুণ্যে বলে।

জীবন প্রভাত হাসির মেলা
দুপুর হলো সঞ্চয় করা,
গোধূলি রঙ মেখে যাবে
থাকবে পড়ে মায়ার ধরা।

জীবন চলার পথে সবে
যোগ বিয়োগের অঙ্ক কষে,
আসার আশায় ভবে আশা
অপেক্ষায় সেই সবাই বসে।

দীনদয়াল

হৃদয় মাঝে কতোই কথা
জমছে ধীরে ধীরে,
নীরব হয়ে জীবন চলা
আছি দুখের তীরে।

তোমার কাছে চাইবো কী বা
তোমার কথা ভাবি,
সবার কথা ভেবে ভুলেই
চাইবো কী বা আমি।

সবার মাঝে বিরাজ করে
তোমার লীলা চলে,
তুমি সবার আপনজনে
সবাই জানে বলে।

দীনদয়াল কৃপায় সবে
সুখের তরী বায়,
দুখের নদী পারাপারেই
তোমার কৃপা পায়।

তোমার কাছে চাইবো কেন
তুমি বিধাতা যেই,
সবার কথা তোমার জানা
তুমি দয়াল সেই।

সৎ মনে

অস্বচ্ছ মন হলে স্বপন
বৃথা সুখের অঙ্কুরেই,
স্বচ্ছ যদি হৃদয় নদী
সুখের জোয়ার অদূরেই।

জীবন চলা কথা বলা
সৎ আদর্শে চাই তবে,
হৃদয় মাঝে আপন সাজে
আপন করে চাও সবে।

কলুষ মুক্ত হৃদয় যুক্ত
সুখের স্বপ্ন সত্যি হয়,
অসৎ কাজে মিথ্যা সাজে
স্বপ্ন ভেঙে হবে ক্ষয়।

সবার ভালো জ্ঞানের আলো
শিক্ষা দেবে বিবেক সেই,
সভ্য জাতি জগৎ মাতি
আত্মজনে সবে যেই।

প্রীতি ডোরে হৃদয় ভরে
বিশ্ব মানব সুখে রয়,
ভবের মায়া আপন কায়া
সবার সুখে হোক না জয়।

সৎ পথে

সত্যের পথে কাঁটা ফেলে
অসৎ লোকে সবে,
মিথ্যে আশ্রয় করে অহং
ঈর্ষা লোভের ভবে।

সৎ আদর্শের সেই ঝড় তুললে
বিপদ কাঁটা দূরে,
মিথ্যের আগুন যতোই জ্বলুক
নিভে যাবে ঘুরে।

সভ্য জাতি যুগযুগ ধরে
মানব মহান মনে,
সুস্থ সমাজ গড়তে হবে
সবার জীবন ক্ষণে।

স্বপ্ন রঙিন মধুর হবে
শান্তি জগৎ গড়ে,
বিশ্বমানব আত্মজনে
ভাবো হৃদয় ভরে।

ভালোবাসার ভুবন গড়ে
মরে অমর হবে,
সবার আগে মানুষ ভাবো
ধন্য জনম তবে।

সুখের খনি

পাপ কাজে যতো মিথ্যা যে কতো
নাক কান কাটা ওরা,
জীবন যে জ্বলে পথে পথে চলে
সংগ্রাম করে হৃদয় ভরা।

জ্ঞানের আলোয় কাটবে ভালোয়
সভ্য জগৎ পাবে আশে,
সুখের পরশ হৃদয় হরষ
আপন করেই কাছে আসে।

সভ্য সমাজ গড়ে তলো আজ
বিবেক মহান ধরা মাঝে,
মন্দ ভালো যে বুঝতে পারে সে
সেই তো গুনের গুণী সাজে।

সবার কর্ম সবার ধর্ম
মানুষ সবার আগে থাকে,
সেই তো মহান ভবে অবদান
সৎ আদর্শে ধরে রাখে।

সত্যি কথায় সমাজ গড়ায়
সবার সুখের সুখী হয়,
ধন্য ধরায় পুণ্য ভরায়
সুখের স্বর্গ যে হৃদয়।

সভ্যতার রঙ

সৎ আদর্শে ছড়িয়ে দাও
মানব ভুবন মাঝে,
হৃদগগনে সুখের রবি
সভ্য কারণ সাজে।

প্রেমের বৃক্ষ রোপন করো
সভ্য সমাজ ধরায়,
ভালোবাসার ফসল ফলে
সবার মায়া জড়ায়।

শিক্ষা জ্ঞানের পাহাড় তুলে
সুখের সাগর জোয়ার,
পুণ্য সভ্য মানব জগৎ
ধন্য স্রষ্টা তোমার।

পবিত্র সেই হৃদয় গৃহে
প্রভুর কাছে যে আশ,
শ্রেষ্ঠ গৃহে করবে বিশ্রাম
হৃদ মন্দিরে চায় বাস।

কোমল কুসুম হৃদয় রঙে
ভক্তি তুলি ভরে,
শিশুর মতো প্রভুর হাসি
ছবি আঁকি ধরে।

সুখী জীবন

জ্ঞান সমুদ্র খনন করে
হৃদয় ভুবন জুড়ে,
সৎ আদর্শে বিবেক জ্ঞানে
খনি পেলাম খুঁড়ে।

জ্ঞানের আলোয় ভুবন দেখি
আত্মজনে সবে,
ভালোবাসার বৃক্ষ রোপন
সফল ফলে তবে।

ভালোবাসার ফল ধরেছে
বৃক্ষ-শাখা ভরে,
সবার মাঝে বিলায় সবে
অশেষ ফলে ধরে।

আশার কুসুম স্বপ্ন রঙিন
মাটির স্বর্গে ধরায়,
বিশ্বভুবন মেতে ওঠে
খুশির বন্যা ভরায়।

সবাই সবার সুখে সুখী
মানব মহান মানে,
মানব ধর্ম সবার শ্রেষ্ঠ
ধন্য জীবন প্রাণে।

স্রষ্টা তিনি প্রভু সবার
সবাই তাঁনার ভক্ত,
সৃষ্টি স্থিতি প্রলয় তারি
তাঁনার চেনা শক্ত।

সর্ব সৃষ্টির স্রষ্টা তিনি
মানব শ্রেষ্ঠ জীবে,
জ্ঞান বিবেকে সবার মাঝে

সেজে আছে শিবে।

সবার মাঝে বিরাজ করে
আছে ভবে তিনি,
বিশ্বব্যাপী পিতা সবার
সৃষ্টি করে যিনি।

জীবন প্রভাত হবে যখন
সন্ধ্যা হতে হবে,
ক'দিন শুধু ভবের মায়া
এই তো জীবন ভবে।

সবাই মিলে মুক্ত হৃদয়
সবার সাথে চলি,
হাসি খুশি জীবন পথে
ফুলের জীবন বলি।

ফুলের মতো গন্ধ বিলাই
নিঃস্বার্থ সেই হয়ে,
ক্ষতি কী বা তাতে হবে
স্মৃতি হয়ে রয়ে।

মরে অমর হবে সবাই
যুগযুগ ধরে জানি,
সভ্য জাতি সুস্থ সমাজ
ইতিহাসে মানি।

তিনি আকার সেই নিরাকার
তাঁনার ইচ্ছায় চলে,
তিনি সবার মাতা পিতা
আছে ছলে বলে।

কখন পুরুষ সেই প্রকৃতি
ভাঙা গড়া খেলায়,
তার মহিমা তিনি জানে
আমরা ভুবন মেলায়।

বসন্ত মনে

বসন্ত আজ মনের গোপনে
আশার কোকিল ডাকে,
মধুর সুরের মূর্ছনা তানে
বৃক্ষ-শাখায় ডাকে।

স্বপ্ন রঙিন কুসুম মায়ায়
আপন সুখের ঘরে,
সুখের ফাগুন বাতাস ঘিরেই
ফুলের গন্ধে ভরে।

হৃদয় আমার খুশির জোয়ার
বসন্ত রাগে গানে,
মন ভ্রমরায় যে গুনগুনিয়ে
বনের কুসুম প্রাণে।

রবির কিরণ নবীন প্রভাত
আলোক ধারায় রয়,
পাহাড় ঘেরায় ফুলের মেলায়
সোনালী রঙের জয়।

মন বসন্ত দিনগুলি চায়
এমন সময় থাক,
শিমুল পলাশ রঙের ছোঁয়ায়
জীবন বেলায় যাক।

গোষ্ঠ মেলা

এলো শুভ নববর্ষ
নবীন রবি ওঠে,
নব পুণ্য কিরণে মে
মুখে হাসি ফোটে।

মাদল বাজে বাঁশি বাজে
বাঁশের বাঁশির সুরে,
মাতাল সবে নাচের তালে
গোষ্ঠ মেলা জুড়ে।

ফতেপুরে গোষ্ঠ মেলায়
ছ'দিন ব্যাপী মেলা,
নাকড়দোলা আর রেলগাড়ি
বসে হরেক খেলা।

ছ'দিন ব্যাপী মেলা কেমন
সবাই হাসি মুখে,
একশো একে ঢাকের বাজনা
বাজায় মনের সুখে।

দু'শো পঞ্চাশ বছর আগে
এই যে মেলা শুরু,
পাঁচদিন ব্যাপী যাত্রা হবে
গানে বাউল গুরু।

দ্বাদশ গোপাল মেলায় অঙ্গ
ভীড় করে যায় সবে,
মানুষ কতো লক্ষ তাতে
খুশির জোয়ার তবে।

মায়ের আশিস্

মা হওয়া নয় মুখের কথা
অনেক কষ্টে হয়,
প্রসব ব্যথায় যন্ত্রনায় সেই
সন্তান পেয়ে জয়।

জীবন মায়া ত্যাগ করে যেই
সন্তান স্নেহ চায়,
মায়ের মতো আপন কেউ নেই
ধরায় না সে পায়।

শিক্ষা দীক্ষায় শ্রেষ্ঠ মাতা
প্রথম গুরু যেই,
মায়ের হাতে হাত ধরে যে
হাঁটতে শেখে সেই।

কথা বলতে শেখা শুরু
মায়ের কাছে তাই,
ভালো মন্দ বুঝতে শেখা
সৎ আদর্শে পাই।

সকল সুখের সুখী হবেই
থাকে মনে আশ,
মায়ের আশিস্ থাকলে মাথায়
হৃদয় সেই বাস।

মা কথাটা শান্তি

মা কথাটা ছোট্ট শব্দ
অসীম স্নেহ পাই,
পৃথিবীতে আর কোথাও নেই
মনটা জানে তাই।

কিছু না চাই মনে মনে
ডেকে ফেলি মা,
মা কথাটায় কতো শান্তি
আদর কতো না।

মা যে বোঝে সন্তানের সব
মনের কষ্ট সেই,
মা হওয়া নয় মুখের কথা
জন্ম দিলে যেই।

মা যে আমার স্বর্গ মর্ত্য
ত্রিভুবনের সুখ,
পরম দেবী মায়ের কৃপায়
নেই তো কোনো দুখ।

মায়ের কাছে সন্তান সবে
শিশু হয়ে রয়,
সারাজীবন বড়ো না হয়
চিন্তা মায়ের হয়।

সুস্থ সমাজ

মনের মাঝে আত্ম অহং
জ্বলে পুড়ে ওঠে,
কাঁচা লঙ্কা কামড় দিলেই
যেমন করে ঠোঁটে।

হিংসা ঘৃণা মনে সদাই
স্বার্থ লোভে ঘোরে,
জটিল মনে কঠিন করে
দুঃখ হৃদয় ভরে।

স্বপ্ন দেখো নতুন করে
জ্ঞানের আঁখি মেলে,
আত্মজনে ভুবন দেখো
সাধন হেসে খেলে।

তোমার প্রভু বিরাজ করে
মানব সবার মাঝে,
আঁধার শেষে প্রভাত আসে
পুণ্য কিরণ সাজে।

সবার সুখে সুখী জীবন
মনটা খুশি করে,
সভ্য জগৎ সবাই মিলে
সুস্থ সমাজ গড়ে।

বেকার জীবন

বেকার জীবন যে যন্ত্রনা
নীরব কান্নায় ভরে,
সমাজের সেই জঞ্জাল হয়ে
বাঁচার লড়াই করে।

কর্ম হীনের শিক্ষিত লয়
সৎ আদর্শের নেই দাম,
আত্মজনের অবহেলায়
সম্মান চায় যে ইনকাম।

সততার হাত ধরে বাঁচা
অতি কঠিন কাজে,
জীবন সংগ্রাম ক্লান্ত হয়ে
দুখের আঁধার আজে।

সত্যের গলা টিপে ধরে
সাধুর পোশাক পরে,
অসহায় এই বেকার জীবন
বাঁচবে কী বা করে?

দিনের পর দিন ছুটে বেড়ায়
একটু অন্নের আশায়,
সভ্য জগৎ স্বপ্ন ছোঁয়ায়
কিছু না যে ভাষায়!

কবে হবে সভ্যতার জয়
সেই অপেক্ষায় তবে,
স্বপ্ন দেখি মনে আশায়
সুস্থ সমাজ হবে।

যোগ্য মানুষ যোগ্য পদে
বিশ্ব ভুবন গড়ে,
জ্ঞানের আলোয় রাখবে সবে
যুগযুগ সভ্য ধরে।

বিরহের বিহঙ্গ

ডানা কাটা আহত সেই
বনের মাঝে পড়ে পাখি,
ব্যথা বলে নয় যে কাঁদে
অঝর অশ্রু ঝরায় আঁখি।

বাঁচিবারে সাধ শুধু তার
প্রিয়ারে সেই একটু দেখি,
শেষ দেখা যে একবার শুধু
প্রীতি ডোরে আছে সে কী?

কখন বুঝি আঁখি আঁধার
দেখিবে তাই শুধু রয়ে,
আঁখি অশ্রু দিয়ে লেখে
প্রিয়ারে নাম খুশি হয়ে।

ডানা কাটা রক্ত ঝরা
রাঙায় দিয়ে লিখে যায় সে,
ঘুরে ঘুরে কতো ক্লেশে
বিদায় বেলা বেশি নয় যে।

তৃষ্ণা যতো গেছে ভুলে
প্রিয়ার কথা মনে মনে,
আর কিছু নাই মনে পড়ে
তারি কথা ক্ষণে ক্ষণে।

অমর প্রেমের আলিঙ্গনে
নিজেকে যায় হারিয়ে যেই,
প্রিয়ার স্মরণ করে করে
শেষ নিঃশ্বাস ফেলে যায় সেই!

স্মৃতি ঘিরে

অস্বচ্ছ মন আয়না হলে
পায় না দেখা সুখ,
মনের ময়লা জমে জমে
আসে অন্ধ দুখ।

সাগর জলে যায় না ধুলে
মনের ময়লা সাফ,
সৎ আদর্শে চলতে পথে
দূর হয় ময়লা পাপ।

সারাজীবন ভবের মেলায়
ঘুরে ঘুরে যায়,
আসা যাওয়া বিধির লীলায়
ভাবতে হবে তায়।

সভ্য সমাজ গড়তে হবে
সবার সুখে মন,
ক'দিনের আর ভবের মায়া
আছো কতো ক্ষণ?

মরে অমর হতে হবে
স্মৃতি রেখা জয়,
ধন্য জনম হবে তবে
মিথ্যে কভু নয়।

প্রকৃতির রূপ

নানান ফুলের মালা ভরে আছে সেই
বিধাতার গড়া এই ধরা মাঝে যেই,
গাছে গাছে কতো ফুল ফুটে মেলা করে
প্রকৃতির কি শোভায় হৃদয় যে ভরে।

এলো এই বসন্ত যে হৃদয় গোপনে,
নিজের অজান্তে কতো রঙিন স্বপনে।
আশার কুসুম ফুটে নবীন মায়ায়,
সুখের কোকিল কুহু তানেতে জড়ায়।

মন পাখি খুশিতে যে মেতে ওঠে এই,
ভেসে যেতে যায় দূরে আকাশে যে সেই।
ভেসে ভেসে হতে চায় দিশাহারাতেই,
আনমনা আপনে যে হৃদ হারাতেই।

মনের ফাগুন দিনে নব সুরে জাগে,
সুরের মূর্ছনায় যে তানে তানে আগে।
মাটির পৃথিবীটাকে স্বর্গ মনে হয়,
ভালোবাসা আছে বলে হয় সব জয়।

প্রেম আলিঙ্গনে মেতে ফুলে ভ্রমরায়,
যুগযুগ ধরে কতো সব রয়ে যায়,
স্রষ্টার সৃষ্টিতে সবে রয়ে মহিমায়,
অপরূপ শোভা যে মায়ায় জড়ায়।

জনতার আদালত

জনতার সেই আদালতে
সবার বিচার হবে,
নিজে নিজে বড়ো নয় যে
বোকামি হয় সবে।

আত্ম অহং যদি থাকে
পতন হবে সেই সে,
ঈর্ষা ঘৃণা লোভে ক্রোধে
দিশাহারা সেই যে।

পয়সাতে নয় যে সম্মানে
শিক্ষিত নয় হলে,
বিবেক জ্ঞানে পরিচয় হয়
কর্ম মহান বলে।

জ্ঞানে গুণে জগৎ চলে
যুগযুগ ধরা ধরে,
পাহাড় নদী ঝর্ণা বয়ে
সবে যেমন করে।

পৃথিবীটা ঘুরছে যুগযুগ
সভ্য ছোঁয়া আশে,
শেষ হবে হয় তো একদিন সে
সভ্য লুপ্ত আসে।

মহান জগৎ প্রলয় শেষে
সবে দেখে যাবে,
কর্ম গুণের ফলে তবে

মানব জাতি পাবে।

মহামানব চরণ ছোঁয়ায়
সুখের স্বর্গে ধরায়,
সৎ আদর্শের সভ্য জাতি
হৃদয় সুখে ভরায়।

হৃদগগনে জ্ঞানের রবি
কিরণ ছড়ায় ভরে,
মানবতার সমাজ গড়ে
বিশ্ব আপন করে।

মানব মাঝে বিরাজ করে
সবার ভক্তি প্রভু,
সর্ব সৃষ্টির স্রষ্টা তিনি
তাঁনার ভুল নয় কভু।

ভাঙা গড়া লীলা খেলা
বারেবারে যে তার,
অনাদি সেই অদ্বিতীয়
তিনি সবার নেই আর।

সবার প্রীতি গড়ে ওঠে
সভ্য জাতির নামে,
বিবেক জ্ঞানে মহান তবে
সুস্থ সমাজ দামে।

বাস্তবিক

বিয়ে করে বউ এনেছে
মা এবার কেউ নয়,
শ্বশুর শাশুড়ি নিজের করে
আপন শ্রদ্ধা হয়।

ঘরে ঘরে বউ হয়েছে
প্রভুর মতো মান,
তার কথাতে ওঠে সবে
জীবন করে দান।

পায়ের তলার মাটি ভুল
ক'দিন বাঁচা যায়,
মায়ের মতো আপন ভবে
কোথায় খুঁজে পায়?

সুখের সময় সবাই আসে
দুখের সময় নেই,
থাকে শুধু মা যে কাছে
ভেবে দেখো সেই।

বিনা স্বার্থে মা যে সেবায়
থাকে জীবন ভর,
তাকে করো অবহেলায়
দিচ্ছ করে পর।

পৃথিবীতে বড়ো বেইমান
প্রকৃত হয় যে,
নিজের সন্তান ভেবে অবাক

বাস্তবিক যে সে।

মেয়েরা হয় মেয়েদের সেই
চিরশত্রু যেই,
তারা একদিন বৃদ্ধা হবে
ভেবে যদি পাই।

দুঃখ কারো যদি দিলে
দুঃখ পেতে তায়,
তখন কেমন লাগে মনে
নিজের কথা হায়।

পিতা মাতার সব কিছু সেই
কেড়ে নিয়ে যায়,
খাওয়া পোরা দিতে কষ্ট
অবহেলায় হায়।

এই কি শিক্ষা জ্ঞানের উদয়
কেমন করে পাই?
সভ্য জগৎ সভ্য সমাজ
এই কি তোমার ঠাঁই?

যতোই করো দান মন্দিরে
কিছুই নয় যে তাই,
জীবন্ত সেই দেবদেবীর
একটু সেবায় চাই।

সবার আশা দেখো সমান
পিতা মাতার আর,
মাতৃপদে ভক্তি যদি
পুণ্য জনম তার।

প্রভুর কৃপায়

সর্বসময় মনের মাঝে
পাপে বাসা করে,
অবোধ শিশুর ক্ষমা করো
প্রভুর প্রাণে ভরে।

তোমার ভুবন মেলায় সবে
তোমার করে নাও সে,
মন্দ ভালো বুঝি না আর
চরণে ঠাঁই দিও যে।

মনের মলিন ধুয়ে মুছে
তুমি প্রভু দাও গো,
সৎ আদর্শের শিক্ষা জ্ঞানে
গৌরব ভবে নাও গো।

ঈর্ষা ঘৃণা অহং ত্যাগেই
শান্তি মনে চাই যে,
সবার সুখে সুখী হওয়ার
জীবন ভালো যায় সে।

সবার যেন ভাবতে পারো
আত্মজনে সবে,
সবার সুখের হাসি দেখে
এই তো খুশি হবে।

মাতৃ ভক্তি

পৃথিবীতে মা যে আপন
সুখে দুখে রয়,
সবার আগে মা যে আছে
তার পরে সব হয়।

মায়ের আশিস্‌ থাকে যদি
বিশ্ব করি জয়,
সব বিপদ যায় দেখি দূরে
নেই যে কোনো ভয়।

মায়ের চরণ সেবা করি
পুণ্য তবে পাই,
সব দেবতা তুষ্ট হবেই
মাতৃ ভক্তি চাই।

মায়ের সুখের হাসির থেকে
মিষ্টি কিছু নাই,
তাই তো মনের মধুর সুখের
হৃদয় মেতে যাই।

যতোই বড়ো হই না আমি
মায়ের কাছে নয়,
মায়ের কোলে ঘুমায় ছেলে
শান্তি ছায়ায় রয়।

সভ্যতার ছোঁয়া

বৃদ্ধ বৃদ্ধা কাঁপে থরথর
শীতের দিনে আজ
গরিব বলে নেই যে তাদের
কোনো গরম সাজ।

নদীর ধারে মৃদু মৃদু
বাতাস বয়ে যায়,
নদীর পাড়ে ঘর বেঁধেছে
জায়গা নেই যে হায়।

সাহায্যের হাত বাড়িয়ে দেয়
সাধ্য আছে যার,
ভালো মানুষ আছে আজও
প্রণাম করি তার।

সভ্য মানব আছে বলেই
হয়নি প্রলয় তাই,
বসুন্ধরা বেঁচে আছে
পুণ্য কিরণ পাই।

সভ্য জাতির মেরুদণ্ড
শিক্ষা জ্ঞানে চাই,
গরিব দুঃখীর কথা ভেবে
সাহায্যের হাত ভাই।

দুঃখীনি মা

আবার ঘুরে শীতের পরশ
হিমেল বাতাস বয়ে,
গরম পোশাক পরে আছে
ধনী যারা হয়ে।

ধনী বলে যায় আনন্দে
শীতে বেড়ায় ভালো,
নিদ্রা সুখে যায় নিশীথে
খুশির প্রদীপ জ্বালো।

দীন দুঃখিনী মা আছে যার
সুখ দেখে না মাকে,
শীতের রাতে নিজের আঁচল
কোলের শিশুর ঢাকে।

সব ছেলেরা ঘুরে বেড়ায়
গরম পোশাক গায়ে,
ভালো লাগে দেখে তারে
মনটা খুশি তায়ে।

নিজের ছেলে শীতে কাঁপে
ছেঁড়া জামা যে গায়,
দুঃখ তখন এসে যায় সেই
হৃদয় কাঁদে তায় হায়!

ভক্তি জ্ঞানে

ভুবন মাঝেই ঘুরে ঘুরে খুঁজে
তোমার মহান প্রভু,
জ্ঞান চেতনায় দেখোনি যে খুঁজে
হৃদয় মাঝেই কভু।

মানবের মাঝে বিরাজ করে সে
ভেবে দেখো জ্ঞান আঁখি,
স্বর্গ ভাবে সে আছে হৃদে দেখো
মনে মনে ছবি আঁকি।

সদাচারী হলে তবে হবে ভবে
সুখের জীবন চলা,
জনম তোমার সফল ভাবের
সুখী হলে তবে বলা।

মানব জাতি যে গৌরবে সবে
বিবেক জ্ঞানের মনে,
মানব জাতির সে শ্রেষ্ঠ ধরায়
কর্ম গুণের দানে।

সভ্য জগৎ আশা নিয়ে আছে
যুগেযুগে সেই আশ,
ভালোবাসার যে ভুবন গড়েই
সবে হৃদে করে বাস।

স্রষ্টার সৃষ্টি

নিরালা নির্জন প্রান্তে, স্থির চিত্তেই একান্তে
একাকি গভীর সেই বনে,
ঈশ্বরের সাধনায়, মগ্ন যে আরাধনায়
নিশ্চিন্তে সেই আনমনে।

জানিনা কি সুখ পায়, মুনিবর যে ধরায়
কাছে গিয়ে দেখি প্রশ্ন করি,
মুনিবরে শুনি বলে, সুন্দরের ধরাতলে
স্রষ্টার তুষ্টের হৃদে ভরি।

গৃহীরে বলে থাকে, গৃহ তোমাকে যে রাখে
রক্ষা মানব কূলের জন্য,
সেই তো তোমার ধর্ম, তুমি করো সৎ কর্ম
মানব জগৎ রক্ষী ধন্য।

স্রষ্টার সৃষ্টি যে দান, সৃষ্টি রক্ষা অবদান
মহান হয় সবাই তাই,
সবে মিলেমিশে হয়, গৌরবের সভ্য জয়
মধুর মিলন সবে চাই।

যে যার জায়গা সেই, সে তার জন্য সে সেই
সবারে যে কাছে প্রয়োজনে,
মহান হয় যে সবে, ছোটো কেউ নয় ভবে
সবাই সবার আত্মজনে।

সময় ডাক

সময়ের সাথে জীবনের বেলা
চলে যায় তার মতো করে,
কারো তারে আর সময় থামেনা
দিন রাখিতে না পারে ধরে।

গোনা দিন শেষ হবে সেদিন সে
জীবনের ঘড়ি গেলে থেমে,
চলিবেনা আর কোনো দিন সেই
এলেও অশ্রু বারি নেমে।

সময় থাকতে করো ভালো কাজ
সৎ আদর্শে হয়ে তায়,
মরেও অমর হবে তবে ভবে
সবে মিলে গুনে গান গায়।

যেতে হবে সবে চলে একদিন
স্মৃতি হয়ে সব পড়ে রবে,
কেউ কিছু নিয়ে যেতে পারিনা মে
খালি হাতে চলে যেতে হবে।

সবে মিলেমিশে থাকো ভালোবেসে
সবার সুখের হলে সুখী,
পৃথিবীতে হবে মহান তুমি মে
সবার সুখের রবি মুখী।

জ্ঞানের প্রভাত

জীবন চলার পথে পথে
দুখের আঁধার এসে যায়,
সৎ আদর্শে চলতে হবে
সুখের ছোঁয়া তবে পায়।

সবার সুখে সুখী হওয়ায়
মনটা ভবে খুশি রয়,
শিক্ষা জ্ঞানের আলো দিয়ে
নবীন জীবন শুরু হয়।

হৃদয় সাগর মরুভূমি
তোমার কর্ম ফলে হায়,
স্বার্থ লোভে দুঃখ ঘিরে
মনটা থাকে কষ্টে তায়।

সবার প্রীতি আত্মজনে
মনে মনে ভাবো তাই,
সুস্থ সমাজ গড়তে হবে
সভ্য জাতি মানব ভাই

জ্ঞানের সাগর জোয়ার তুলে
মনের মলিন ধুয়ে যাই,
দুখের আঁধার দূর হয়ে যায়
সুখের রবির কিরণ পাই।

ভবো সাগর

জীবন পথে চলতে গিয়ে
নানান বাধা হায়,
দিশেহারা সংসার সাগর
কূল খুঁজে না পায়।

মায়াতরু তলে বসে
অহং ছায়া গায়,
ঈর্ষা ঘৃণা বাসা বাঁধে
লোভের আশা তায়।

ক্রোধের তরী বাইতে গিয়ে
হাবুডুবু খায়,
অন্ধ কানাই অকূলে সেই
আপন খেয়া যায়।

আপন ভুলে ঘুরে মরে
সুখের তরী নেই,
স্বপ্ন রঙিন হারায় ফেলে
অশ্রু ঝরে সেই।

জীবন বিষে ভরে রয়ে
লোভের মৃত্যু হয়,
সদাচারীর শুদ্ধ মনের
নাগালে হয় জয়।

সুখের তরী খেয়াঘাটে
পালের হাওয়ায় যে
কল্পতরু বৃক্ষ মেলায়

এসে পড়ে সে।

মনে মনে সাধনায় সেই
মগ্ন হয়ে রয়,
সবার সুখে সুখী জীবন
প্রার্থনায় সে কয়।

জীবন সুখে ভরে ওঠে
বিশ্ব ভুবন সুখ,
ভুবন মাঝে আপন সবে
নেই যে কোনো দুখ।

আপন স্নেহ ভালবাসা
মধুর সুখে মন,
বিশ্বমানব সভ্য সমাজ
গড়ে সারা-ক্ষণ।

সুখের তরী বয়ে চলে
ভবো সাগর পার,
মরে অমর হবে তবে
নামটা রবে তার।

স্বপ্ন মধুর

দূর বিদেশে থাকো বন্ধু
কর্ম নিয়ে রয়,
তোমার কথা ভেবে ভেবেই
কান্না মনে হয়।

আঁখি অশ্রু ধারায় বয়ে
আঁকে ব্যথায় সব,
হৃদয় মাঝে ব্যাকুল হয়ে
তবু খুশির জপ।

যেখানে সুখ তোমার মনে
সেই তো ভালো থাক,
তোমার সুখে সুখী হৃদয়
আমার মনে ফাগ।

তোমার সুখে স্বপ্ন দেখি
মুগ্ধ মনে চায়,
খুশির জোয়ার হৃদয় ভরে
সর্বক্ষণে যায়।

ঘুমের ঘোরে স্বপ্ন রাঙা
তোমার সাথে রয়,
আশার রবির কিরণ মেখে
ভুলে দুখের ক্ষয়।

সুখী মনে

তাঁনার আশায় ভবে আসায়
তিনি বিধান দেয়,
তারি ধর্ম তারি কর্ম
তিনি কাছে নেয়।

তিনি ভবে সবার তবে
আত্মজনে হয়,
কারে করে হৃদয় ভরে
ভাগ্য বলে জয়।

মানব মাঝে কেমন সাজে
বিরাজ করে আজ,
কর্ম গুণে পুণ্য শুনে
সবাই ভালো কাজ।

হৃদয় আকাশ পুণ্য বাতাস
মেঘের ভেলা রথ,
ভেসে ভেসে স্বর্গ দেশে
খুঁজে পেলাম পথ।

সবার সুখে শুনি মুখে
খুশির জোয়ার বয়,
স্বপ্ন আশা ভালোবাসা
সবাই সবার হয়।

সভ্যতার আশ

মানুষ আছে অনেক অনেক
মনুষ্যত্ব নেই,
সাধু সেজে মুখোশ পরে
ঘুরে বেড়ায় সেই।

স্বার্থ লোভী হয়ে গিয়ে
বিবেক জ্ঞানে নয়,
অসৎ কর্মে লিপ্ত হয়ে
শিক্ষা ভুলে রয়।

মনুষ্যত্ব হীনে সমাজ
আজ অসুস্থ হায়,
সত্যি কথা বলতে গিয়ে
মনের ভয়ে তায়।

সভ্যতা সেই মৃত্যু মুখে
যেতে বাধ্য হয়,
মিথ্যে কথায় অট্ট হাসি
অন্যের ক্ষতি ক্ষয়।

সারাজীবন ভালো হতে
সময় লেগে যায়,
ক্ষণেক ভুলে মন্দ হয়ে
দুর্নাম খুঁজে পায়।

যুগযুগ ধরে অপেক্ষা সেই
ধরনীর এই আশ,
তারি বুকে সভ্য সমাজ
গৌরব করবে বাস।

জীবন সাথী

প্রেম বোঝা না ধর্ম জাতি
কে বা গরিব ধনী,
বয়স কতো দেখে না সেই
প্রেমের ফাঁদে পড়েছে যেই
কি যে পরশ-মণি!

মনের কোণে গোপন করে
ভালোবাসার দামে,
আশার দীপে জ্বেলে রাখেই
মায়ায় ঘিরে ভালো থাকেই
স্বপন সুখী নামে।

মনের কোণে রঙিন ছবি
খুশিতে মন ভরে,
আপন করে গাঁথেই মালা
প্রেম সাগরে ভাসার পালা
ঢেউ তুলেছে জোরে।

জীবন পথে চলতে হবে
কঠিন কথা মনে,
ভাবনা কতো ভাবার আছে
হার মানিয়ে সবের কাছে
চলে জীবন ক্ষণে।

ভেবেই কাজে করতে আজে
কারোকে নয় ক্ষতি,
সবাই ভালো জ্ঞানের আলো
সমাজ করো আরোই ভালো
সবারে হোক মতি।

দুঃখের আপন

আপন ভেবে হৃদয় মাঝে
রেখেছিলাম যারে,
প্রেমের প্রথম আলিঙ্গনে
সুখের খোঁজে তারে।

মনের গভীর গোপন ঘরে
রাখি আপন করে,
সেই সে আবার অভিনয়ে
দুখের আঁধার ভরে।

নীরব কান্নায় রয়ে গেলো
অশ্রু ঝরায় এঁকে,
প্রেমের মুকুল ফুটতে গিয়ে
ঝরে গেলো দেখে।

সুখের স্বর্গে গড়তে গিয়ে
নরক নেমে এলো,
ভাবনা শুধুই দুঃখে ভালো
দুখের আঁখি মেলো।

সুখের কথা ভাবিনা আর
দুখের আঁধার কালো,
থাকবে সাথে চিরদিনের
এই তো আপন ভালো।

কঠিন জীবন

ঘুমের ঘোরে সুখের স্বপ্ন
রঙিন আশার আলো,
জেগে উঠে আঁখি মেলে
দুখের সর্প কালো।

মানুষ রূপের মুখোশ পরে
ঘুরে বেড়ায় পাশে,
শিক্ষা দীক্ষা সবে হারায়
জ্ঞান শূন্য হয় আশে।

মানুষ নামের কলঙ্ক সেই
স্বার্থ লোভে মরে,
পরের ক্ষতি করে হাসে
সারাজীবন ভরে।

সৎ আদর্শে সুখের স্বপ্ন
কঠিন জীবন খেলা,
সাধু সেজে মুখোশ পরে
ঘোরে ভবের মেলা।

সভ্যতা আজ লুকিয়ে সেই
থাকে অনেক ভয়ে,
বিবেক জ্ঞানী গুমরে কাঁদে
কতো কষ্টের জয়ে।

মানবতা

সত্যের পথে আলো থাকে
শান্তি সুখে হৃদয় রাখে
প্রভুর কৃপা হয়,
অসৎ পথে চলতে গিয়ে
দুঃখ ব্যথা আসে নিয়ে
মনের সুখ যে নয়।

সৎ আদর্শে সভ্য জাতি
সবাই মিলে মাতামাতি
সুখে দুখে আশ,
সবাই সবার আত্মজনে
সবার সুখে প্রিয়জনে
সুখের স্বর্গে পাশ।

ভালোবাসার ভুবন গড়ে
সুস্থ সমাজ হৃদয় ভরে
দেখি আশায় থাকি,
হিংসা ঘৃণা দ্বন্দ্ব ভুলে
কর্মে মহান সবার মূলে
সবাই হৃদয় পাক।

মেরুদণ্ড সোজা করে
শিক্ষা জ্ঞানের আলোয় ভরে
গৌরব ধন্য সব,
প্রকৃত মান সম্মান ছবি
হৃদগগনে সুখের রবি
জনম স্বার্থক ভব্।

তোমার লীলা

উত্তর মেরু দক্ষিণ মেরু
ধূসর রঙের বরফ ঢাকা,
বরফ পাহাড় আকাশ মিশে
আলিঙ্গনে প্রেমে মাখা।

সৃষ্টি তত্ত্বের রহস্যে সেই
প্রকৃতি রূপ মায়া খেলা,
বিধাতার হাত আছে সেথা
তারি বিশ্বভুবন মেলা।

স্বপ্ন রঙিন ঘুমের ঘোরে
নীল পরী রেস দেখি সেথা,
বরফ ঘেরা পাহাড় দেশে
মধুর স্মৃতি রেখা যেথা।

আকাশ কুসুম ভাবনা প্রভুর
ভীড় করে যায় সবে এসে,
মাটির ধরায় স্বর্গ নেমে
আছে কোথায় কোন সে দেশে!

তোমার লীলা বোঝা দায় সে
সবার মাঝে বিরাজ করে,
তবু তোমার বুঝি না যে
খুঁজি শুধু জীবন ভরে।

কবির ভাষায়

কবিতা সেই হৃদয় জুড়ে
সুখে সুখের সুরে,
স্বপ্ন ছায়ায় রঙিন মায়ায়
মনটা মেতে ঘুরে।

প্রকৃতি যে হৃদয় আমার
বিরাজ করে থাকে,
আশার কোকিল ডেকে থেকে
মাতাল করে রাখে।

মনের বনে গোপন করে
বসন্ত যে আসে,
কৃষ্ণচূড়ায় রাঙায় আছে
খুশির জোয়ার ভাসে।

কান্না হাসির দোলায় দুলে
কবির কলম লেখে,
বাস্তবতায় পূর্ণ হয় সেই
মনের ছবি এঁকে।

বইয়ের পাতায় পাতায় লেখা
স্বপ্ন পূরণ করে,
কান্না হাসির ছবি প্রকাশ
ওঠে মনটা ভরে।

নীরব কান্নায় অশ্রুধারায়
বন্যা হয়ে ভাসায়,
কলম ছোয়ায় সবে আশে
বইয়ের পাতায় ভাষায়।

শিক্ষার আলো

চোখ থাকিতে অন্ধ হয়ে
দুঃখ কতো মনে,
চলার পথে হোঁচট খায়ে
পড়ি ক্ষণে ক্ষণে।

লেখা পড়া শিখতে পারলে
সহজ হতো সবে,
বইয়ের পাতায় পৃথিবীটা
দেখতে পেতাম তবে।

নিজের ভুলে নিজে মরি
পথে পথে ঘুরে,
জীবন পথে বেড়া পড়ে
সুখের নাগাল দূরে।

চলার পথে বলতে কথা
ভয়ে ভয়ে থাকি,
বইয়ের পাতায় হাত বুলিয়ে
কষ্ট লুকায় রাখি।

মনের কোণে ভাবনা জমে
শিক্ষা নিতে হবে,
সুস্থ সমাজ গড়তে সবার
শিক্ষা জ্ঞানের ভবে।

শিক্ষা জাতির মেরুদণ্ড
সভ্য জাতির মানে,
সৎ আদর্শে সবার আগে

শিক্ষা জ্ঞানের দানে।

পয়সা শুধু জীবন নয় যে
মানবিক হয় প্রীতি,
মরে অমর হয়ে ধরায়
থাকবে তোমার স্মৃতি।

মানব সবাই সমান ভবে
কর্ম গুণে যদি,
মাটির ধরায় স্বর্গ হবে
বয়ে সুখের নদী।

সভ্য জগৎ গড়তে হবে
যুগযুগ ধরে রবে,
বিশ্বমানব আত্মজনে
সভ্য জাতি সবে।

ঘরবাড়ি হয় উন্নতি সেই
রাস্তাঘাটে ভালো,
মানবিক হোক তেমন ভালো
ফুটবে জ্ঞানের আলো।

কর্ম গুণে

ভুবন মাঝে চলছে সবে
যে যার মতো করে,
লোভের মোহে অসৎ পথে
পাপ কুড়িয়ে ঘরে।

ঈর্ষা ঘৃণা হৃদয় ভরে
আত্ম সুখ দূরে,
অহমিকায় আঁধার করে
আছে দুখের সুরে।

যেমন কাজে গড়ো জীবন
তেমন পাবে সবে
পাপের বোঝা কেউ নেবে না
নিজের নিতে হবে

সবার সুখে সুখী হলেই
সত্যি সুখী হয়,
যুগযুগ যে ধরার মাঝে
সৎ সভ্য রয়।

মরে অমর হবে ধরায়
তোমার গুনে তায়,
মহান হবে চরণ সেবা
তোমার পূজা পায়।

পথ চেয়ে

আসবে বলে দিলে কথা
তাই তো আশায় চেয়ে রই,
আলিঙ্গনে রাখবো ধরে
যতন করে হৃদয় সি।

আকাশ কুসুম ভেবে ভেবে
হৃদয় মাঝে আছে আশ,
স্বপ্ন মধুর প্রেমের গৃহে
সুখের স্বর্গে করি বাস।

মনের মলিন ধুয়ে মুছে
তোমার আসার পথ চেয়ে,
হীরের থেকে বেশি যতন
রাখবো কাছে চাই পেয়ে।

নিজের যতো নীরব কান্না
রাখবো আমার বুক ভরে,
কোনো দিনে বলবো না যে
দুখের সাজে আজ ভোরে।

তোমার সুখে সুখী হবো
সারাজীবন পেতে চাই,
এই তো বড়ো আশা তাই।

জীবন চলা

মানুষ বড়ো আজ অসহায়
কঠিন জীবন চলার পথ,
সততা আজ মুখ লুকিয়ে
অসতের ভয় সুখের রথ।

এই কি সভ্য সমাজ গড়ে
যুগযুগ ধরে শিক্ষা সেই?
অজ্ঞ আঁধার ঘিরে আছে
জ্ঞানের আলোর দেখা নেই!

মুখে হাসির ফুলঝুরি সেই
মনে হয় যে ভালো মন,
সবটাই ছিলো তার অভিনয়
অন্যের ক্ষতি সারা-ক্ষণ।

অপেক্ষায় সেই সুস্থ সমাজ
আসবে জানি একদিন যে,
নিজের বিবেক প্রশ্ন করে
মানুষ নামে আমরা সে।

সবে মানব জাতি শ্রেষ্ঠ
সবাই সবার আত্মজন,
প্রীতি ডোরে বাঁধি সবে
সবে সবার প্রিয়জন।

মানুষ হতে সারাজীবন
সময় লাগে জানো আজ
ক্ষণিক ভুলে মন্দ হবে
ভালো হওয়া কঠিন কাজ।

ভবের মায়ায় ক'দিন রবে
সবার চলে যেতে হয়,
সবার প্রেমের আলিঙ্গনে
ক্ষতি তোমার কিছু নয়।

স্বপ্ন

স্বপ্ন কতো ভেসে বেড়ায়
আকাশ ছোঁয়া আশা,
নেই তো একটু ভালোবাসা
বৃথা ভবে আসা।

ভালোবাসার নামে ওরা
অভিনয় সেই কেন?
এই কি সভ্য শিক্ষা জগৎ
ভয়ে ভয়ে যেন।

ভালোবাসা হয় যদি সে
ভাঙবে না তো যে সে,
হাজার দুঃখের ঝড় উঠিলে
তবু বাসা রয় যে।

মধুর প্রেমের আলিঙ্গনে
হৃদয় ভরে রাখে,
শান্তি সুখের ছোট্ট নীড়ে
স্বপ্ন রঙিন থাকে।

বিশ্বাস আর যে ভালোবাসা
একটি সুতোয় বাঁধা,
পৃথিবীটা ঘুরে বেড়ায়
দেখি গোলক-ধাঁধা।

ভালো মন্দ মিলেমিশে
আছে ভুবন ভরে,
জ্ঞানের আলোয় চিনে নিতে

হবে আপন করে।

সবাই সুখী হতে চাইলে
হয় না সুখী সবে,
সবার সুখে সুখী হলেই
ভবেই সুখী ভবে।

মানুষ খুনের থেকে বেশি
অপরাধীর দলে,
হৃদয় খুনি হয় যে যেজন
নীরব কান্নায় বলে।

নারী নারীর শত্রু

ঘরে ঘরে আজও দেখি
নীরব কান্নায় নারী,
নারী নারীর শত্রু হয়ে
সহিতে না পারি।

শাশুড়ি বউ দ্বন্দ্ব বাড়ে
বোঝাবুঝি ভুলে,
বউ বোঝেনা শাশুড়ি হয়
রয় আমিত্বের কুলে।

দিন হলে রাত হবে তবে
সময় পাল্টে আসে,
মানবিক জ্ঞান শিক্ষা কোথায়
ভাবো সভ্য আশে।

স্বার্থ লোভে মানুষ ঘরে
অন্যের সুখে কাঁটা,
সুস্থ সমাজ এই কি ভবে
বউ তুলেছে ঝাঁটা।

নারী সংসার ভাঙা নারী
মিথ্যা কথা নয় সে,
সবাই সবার ছেলের ভালো
বলে সবাই এই যে।

ছেলেও বাবা হবে তবে
বুঝতে হবে বউ সব,
বুঝতে হবে শাশুড়ি হয়
যতো করো সে তপ।

বসন্তের রূপ

বসন্তের এই বৃক্ষশাখায়
কোকিল কুহু স্বরে,
যৌবনের ঢেউ তুলে মেতে
হৃদয় মাতাল করে।

দক্ষিণ হাওয়া বইছে ধীরে
ফাগুন মায়া ঘিরে,
কৃষ্ণচূড়ায় পলাশ রাঙায়
হাসছে নদীর তীরে।

স্বপ্ন মধুর হৃদয় মাঝে
রঙিন রূপে সাজে,
মন ভ্রমরায় ঘুরে বেড়ায়
ফুলের বনে আছে।

উদাস মনে খুশির জোয়ার
প্রেম যমুনায় ভাসে,
সুখের ঘরে আপন মনে
আকুল করে আসে।

আশার জগৎ জুড়ে আছে
প্রকৃতি রূপ ধরে,
নানান ফুলের বাহার কতো
নয়ন লোভন ভরে।

মাতৃসম্মান

নারী আছে অনেক রকম
সবাই সমান নয়,
কেউবা গড়ে যায় সুখের ঘর
কেউ করে যে ক্ষয়।

নারী যে সেই মাতৃজাতি
শিক্ষা গুরু মা,
মায়ের থেকে বড়ো গুরু
ধরায় আর কেউ না।

মায়ের কাছে সভ্য শিক্ষা
সৎ আদর্শে চাই,
সুস্থ সমাজ গড়বে তবে
জাতির গৌরব পাই।

বিবেক জ্ঞানে সভ্য মানব
যুগযুগ ধরে রয়,
মরে অমর হয়ে থাকবে
কর্ম গুণে জয়।

সর্বশিক্ষার শিক্ষা জ্ঞানে
মাতৃসম্মান মুখ,
নারী জাতির মহান ভুবন
মায়ের কোলে সুখ।

পিতার আশিস্

বাবার জন্য ধরায় আসি
তাই তো বাবার ভালোবাসি
হৃদয় মানি তাই,
দেখতে হাসি বাবার মুখে
সুখের প্রদীপ জ্বলে সুখে
কিরণ দেখা পাই।

জীবনের পরিশ্রমে তবে
আশার আলো দেখি ভবে
সন্তান সুখে চায়,
স্নেহের জগৎ জুড়ে আছে
বিপদ দেখলে থাকে কাছে
হৃদয় ব্যথা পায়।

সৎ শিক্ষা জ্ঞান দিয়েছে সেই
সভ্যতার পথ চলিতে যেই
সৎ আদর্শে দান,
সুস্থ সমাজ গড়বে বলে
অনেক আশা নিয়ে চলে
বিশ্বাস মনের প্রাণ।

সুখের জীবন

মানব সবে ধরার বুকে
সুখের জীবন আশ,
ভেবে চিন্তে থাকো কাজে
সুখী হবে কর্ম মাঝে
সুখের গৃহে বাস।

ঈর্ষা ঘৃণা লোভে ক্রোধে
ত্যাগী হতে হয়,
তবে হবে সভ্য সমাজ
সভ্যতার সেই সত্যি যে সাজ
মানবতার জয়।

অতি লোভে ডেকে আনে
জীবন মৃত্যু ভয়,
ভেবে ভেবে সারাজীবন
ভয়ে ভয়ে তারি মরণ
দুখেই শুধুই রয়।

সদাচারী সত্যবাদী
সাহস যোগায় মন,
গুনে জ্ঞানে মহান তবে
মরে অমর হবে ভবে
ভরসা সর্ব-ক্ষণ।

কবিতা

ছন্দ মাত্রা ঠিক রাখিলে
কাব্য পাবে প্রাণে,
নিয়ম মেনে লিখতে হবে
তবে কবির মানে।

অন্ত্যমিলে লাগে ভালো
পড়তে সবে চায়,
শুনতে মনে মোহিত হবে
খুশির বন্যা তায়।

ফুলের মালা ছেঁড়া হলে
গলায় পরে কী?
বিফল হবে গাঁথা মালা
দিতে হবে ফি।

আগাছা হয় বনের মাঝে
ফলস ভালো নয়,
যত্নে তোমার বৃক্ষ রোপন
সুফল ভরে রয়।

কবির মনের গোপন কথা
লিখতে সবে আশ,
মনের কতো নীরব ভাষা
বইয়ের পাতায় বাস।

স্বরবৃত্ত হয় অক্ষর বৃত্ত
পদ্ম গদ্য চাই,
সব মিলিয়ে কাব্য কথা

গুনে জ্ঞানে পাই।

দুঃখ সুখে ভেসে ওঠে
কান্না হাসি সব,
কলম ধরে হাতে নিয়ে
লেখায় কবি জপ।

কাব্য লেখো আবেগ ভরে
জীবন চলার পথ,
যুগযুগ ধরে চলবে তবে
কাব্য কথার রথ।

সুস্থ সমাজ সাহিত্যে রয়
মহান মানব যেই,
মানব মনের মলিন মুছে
কাব্য লেখায় সেই।

শান্তি সুখের রস মাখিয়ে
লেখেন কবির রেশ,
তাই তো মহা কাব্য হবে
বিশ্ব ভুবন বেশ।

ফুল ভ্রমরায়

দুটি মনের কতো কথা
সোহাগ মেখে রয়ে,
মনে মনে আশা জাগে
জীবনের পথ বয়ে।

স্বপ্ন রঙিন মালা গাঁথা
সুখের স্বর্গে আশে,
প্রেমের সুধা আলিঙ্গনে
খুশিতে মন ভাসে।

কুসুম ফুটে ডেকে ওঠে
এসো এসো বলে,
মন ভ্রমরায় কানে শুনে
নেচে নেচে চলে।

গোলাপ রাঙা ফুল ভ্রমরায়
আনমনে হয় কথা,
ফুলের মনে কতো আশায়
বলবে মনের ব্যথা।

কাছে এসো আমার হয়ে
রাখবো যত্ন করে,
হৃদয় রত্ন মন্দির মাঝে
মধুর মিলন গড়ে।

সবাই সুখী

জীবন পথে চলতে গিয়ে
প্রথম লোভে বাধা,
কেমন করে পড়বে চোখে
সুখের রবি সাদা?

সোজা পথের আলোয় রবি
হাজার সুখে তারা,
সুখের হাসি অঝর ঝরে
সবার সুখে তারা।

মানব সবে সমান ভবে
জ্ঞানে মহান হবে,
সবার আগে মানুষ দেখে
মহান যদি তবে।

ভালো কথায় ভালো নয় যে
ভালো কাজেই মানে,
সাধু সাজায় নয় যে কিছু
সাধু মনের প্রাণে।

যুগেযুগেই সবার মাঝে
সতের পথে চলে,
ধরায় তবে সবার সুখে
সুখী জীবন বলে।

মানবিকতা

আত্ম অহং যদি থাকে
ধ্বংস তুমি হবে তবে,
জ্ঞানের আলো নিভে যাবে
লোভী হবে তবে ভবে।

অহং ধরে রাখো যদি
ধীরে ধীরে একা হবে,
নিঃসঙ্গ হয় যদি জীবন
বেঁচে থেকে মরে তবে।

সৎ আদর্শে সবার সাথে
প্রীতি ডোরে মায়া ভরে,
জীবনের সব সুখে আসে
হর্ষে হৃদয় মধুর করে।

সুন্দর ভুবন মেলায় এসে
মিলেমিশে সবার সাথে,
সবার সুখে সুখী হবে
সুখের প্রমাণ হাতে হাতে।

মানব জগৎ ধন্য হবে
কর্ম গুণে পুণ্য সবে,
প্রমাণ যোগ্য সবার কাছে
সভ্য জাতি ভবে রবে।

মায়ার বাঁধন

সময়ের ডাক এলে আমার
যেতে হবে চলে,
তোমাদের সব মায়া ত্যাগে
সবার রাখি বলে।

তোমাদের যে হৃদগগনে
সূর্য হয়ে আমি,
ভুলিতে না পারিবো না
সবার প্রেমের দামী।

আমার বিদায় বেলা আমি
সবার সুখে সুখী,
ফেলোনা কেউ আঁখি অশ্রু
হবো আমি দুঃখি।

সবাই ভালো থেকো যেন
মনে থেকে এই চাই,
সবার ভালো রেখো প্রভু
আমি চলে যে যাই।

যেদিন রবো না আর ধরায়
বুঝবে সেদিন সবে,
হয়ে রবো স্মৃতির দিনেই
খুঁজতে পারো তবে।

জীবন সন্ধ্যা

জীবন সন্ধ্যা নেমে এলো
হৃদয় খাতায় এলোমেলো
অঙ্ক কষে সব ভুল,
দেখি হিসাব মেলে না আর
শূন্য থেকে শুরু শেষ তার
শূন্যতে যে শেষ কূল।

জীবন চলার পথে পথে
আছে আঘাত প্রতিঘাতে
দুর্বল হতে নেই যে,
শেষ গোধূলি রঙিন সাজে
নতুন করে স্বপ্ন আছে
বাসর সাজায় এই সে।

যেটুকু যা সময় হাতে
হাতে রাখি হাত একসাথে
ভালো থাকি মনে,
ক'টাদিন যাক ভালো চলে
ভবিষ্যতের কথা বলে
সব দিন শুভ ক্ষণে।

ক'দিনের যে ভবে আসা
পড়ো বেলায় ভালোবাসা
হয়ে থাক না সে অমর
নতুন করে সেজে উঠি
মরা গাছে ফুলে ফুটি
তোমার জন্য সমর।

অন্তর্ঘাত

ভালোবাসা ভাবি আমি
মন প্রাণ দিয়ে সেই,
সুখের স্বপ্ন দেখি কতো
রঙিন হতে যেই।

আশার কোকিল ডাকে ওঠে
প্রথম প্রণয় চাই,
জনম জনম সাথী হতে
হৃদয় খোঁজে তাই।

ভালো-বাসা হবে এমন
ভাঙিবেনা যে
কোনো দিনে ভাবি তেমন
হোক না বাসা সে।

শেষে তুমি সেই অভিনয়
ভেঙে দিলে মন,
করিলে যে সেই অন্তর্ঘাত
আমার কান্নায় পণ।

যেথা থাকো ভালো থাকো
তোমার সুখী চায়,
আমার হৃদয় অকৃপণেই
যতো ব্যথা হায়।

মনের গভীর গোপন ঘরে
অভিমানে হোক,
হোক না যতো নীরব কান্না
নীরব করি ভোগ।

মানব আত্মীয়

সাহিত্য হোক সত্যের পথে
সভ্যতার হাত ধরে,
সুস্থ সমাজ গড়তে হবে
প্রীতির বন্ধন জোরে।

শুধু শিক্ষা থাকলে হয় না
জ্ঞানী হতে হবে,
ভালোবাসা থাকতে হবে
মানবিক হয় তবে।

সুন্দর জীবন গড়তে হলে
সৎ আদর্শে পারে,
জীবন চলার পথে চলতে
শান্তি পরশ তারে।

মানব মাঝে ঈশ্বর আছে
জ্ঞানের আলোয় যাবে,
মনের মলিন ধুয়ে মুছে
প্রভুর কৃপা পাবে।

বিশ্ব ভুবন তোমার হবে
তোমার করে নিলে,
সবাই তোমার আত্মজনে
হৃদয় সব ঠাঁই দিলে।

বিশ্ববিধাতা

দুখের দহনে হৃদয় গহনে
সুখের মৃত্যু হয়,
আলোর আশায় শোকের ছায়ায়
রবির কিরণ নয়।

স্বপ্ন মায়ায় রত্ন হারায়
জীবন চলার ভয়,
লোভী হলে নয় প্রীতি হতে হয়
বিশ্ব তোমার জয়।

সভ্যতা এসে সবে ভালোবেসে
গৌরব কুসুম তবে,
আপনা থেকেই জড়িয়ে পড়েই
নিজে অজান্তে হবে।

সুস্থ সমাজ গড়ে তুলে আজ
বিবেক জ্ঞানের দিয়ে,
মরেও অমর শান্তি সমর
মানব জগৎ নিয়ে।

সবার সে মাঝে আছেন বিরাজে
তিনি ছাড়া কিছু নেই,
তিনিই সবার তোমার আমার
বিধাতা সবের সেই।

সভ্যতা চাই

মনের যতো ব্যথা সবে
অশ্রুঝরায় ঝরে,
মুখে অশ্রু ঝরা দাগে
ছবি আঁকা পড়ে।

আঁখি বারি ঝর্ণাধারায়
নেই যে কোনো ক্লান্ত,
নীরব কান্না অসহায় সেই
কেঁদে কেঁদে শান্ত।

দুখের কালো রাত পড়ে থাক
অসভ্যতার জালে,
সভ্যতা আজ ভয়ে ভয়ে
এমন সময় কালে।

তবু আশার অপেক্ষা হয়
সভ্য মুক্তি আশা,
সভ্য সূর্য কিরণ দেবে
বাঁধি সুখের বাসা।

যুগযুগ ধরে সভ্যতার সেই
নীরব কান্না শুনি,
জ্ঞানের আলো ফুটবে কবে
পথ চেয়ে দিন গুণী।

সবাই সবার আত্মজনে
থাকবে সবে সাথে,
বিশ্ব মানব সুখের সংসার
মিলবো হাতে হাতে।

মনুষ্যত্ব

রাস্তাঘাটের রূপ ঝকঝকে
কিন্তু কিছু লাভ নেই,
সৎ আদর্শ দিন দিন হারায়
সভ্যতা আজ ভয় নেই।

সাতশো পঞ্চাশ কোটি মানুষ
নামে মানুষ সবে,
প্রকৃত সেই মানুষ ক'জন
গোনে দেখো ভবে।

অন্ধ লোভের মায়ায় পড়ে
মনুষ্যত্ব হারায়,
ঈর্ষা ঘৃণায় ক্রোধে অহং
লোক ঠকিয়ে সে যায়।

টাকার ভুবন গড়ে তুলে
স্বার্থের দাস যে হয়ে,
নিজের সম্মান ক্ষুন্ন করে
বিবেক শূণ্য রয়ে।

মানুষের নেই কোনো অভাব
জ্ঞানীর অভাব আছে,
ভালোবাসার অভিনয় হয়
সৎ আদর্শের কাছে।

মোটা মোটা বই পড়ে সেই
শিক্ষিত হয় কতো,
যুগযুগ ধরে আজও শুধু

জ্ঞানের অভাব মতো।

পৃথিবীতে জন সংখ্যা
দিন দিন বৃদ্ধি পেলো
ঘরবাড়ির যে উন্নতি হয়
কতো ভালো এলো।

জ্ঞানের আলোয় আলোকিত
দেখবো ধরায় তবে,
মানব সবে আপন করে
মিলেমিশে সবে।

সবাই মিলে খুশির জোয়ার
সবার সুখে সুখী,
সভ্য জগৎ গড়তে হবে
জ্ঞানের সূর্য মুখী

পৃথিবীটা একার হলে
সুখী কি বা হবে,
কার সাথে বা সুখের কথা
সুখী কি বা তবে।

আসার আশা কী?

মিলেমিশে ভবের হাটে
বেচাকেনায় দিন কাটে
গোনা দিন যে যায়,
আসা কি আর হবে তবে
জানি না যে হায়।

হেসে খেলে ভবের মাঝে
রঙিন কতো স্বপ্ন সাজে
মায়ায় ঘিরে তাই,
ভালোবাসার ভুবন গড়ে
আত্মজনে চাই।

আমার আমার নয় যে কিছু
কখন ডাকবে সমন পিছু
মিছে মায়ায় সেই,
কর্ম গুণে মহান ভবে
প্রণাম পাবে যেই।

সৎ আদর্শে সভ্য জাতি
সবার সুখে মাতামাতি
শিক্ষা জ্ঞানের জয়,
ভবের মায়া ছেড়ে যাবে
স্মৃতি শুধু রয়।

জীবন সংগ্রাম

জীবন সংগ্রাম করে বাঁচে
সৎ আদর্শের সাহস দিয়ে,
সংগ্রামী সেই সৈনিক দেখি
দুর্বল নয় যে দুঃখ নিয়ে।

জীবনটা এক সংগ্রাম ভবে
সংগ্রাম করে বাঁচে রবে,
জন্ম থেকে মৃত্যুর শেষ দিন,
প্রতিটা দিন সংগ্রাম তবে।

অলস জীবন দুখের কারণ
পরিশ্রমের ফসল ফলে,
আঁধার রাত দুখের কালো
জ্ঞানের প্রভাত রবি বলে।

ভবের হাটে বেচাকেনা
দরাদরি আগে করে,
লাভ ক্ষতিতেই অঙ্ক কষে
বেড়ায় সবার হৃদয় ভরে।

কেউ রবে না ভবের মাঝে
সবার চলে যেতে হবে,
যে ক'টাদিন ধরায় রবে
সংগ্রাম তবু সুখের ভবে।

ভবো পারে

জীবন তোমার সোনার তরী
পুণ্য ফলে যায়,
ভবের সাগর পার হতে হয়
জ্ঞানীর কর্ম-তায়।

সৎ আদর্শের পথের পথিক
অতি দ্রুত তাই,
মন মাঝি যায় আপন মনে
খুশির পালে পাই।

মায়ার জগৎ মায়া খেলা
একদিন হবে শেষ,
জেনে বুঝে চলতে হবেই
ভাবো আছি বেশ।

রঙিন স্বপ্ন সুখের ঘরে
সবার সুখের দেশ,
ঈর্ষা ঘৃণা দূরে করে
ধন্য হৃদয় রেষ।

পারে যেতে চাই যে সবে
সাধন ভজন পাশ,
স্বর্গ পথে দ্বারি দাঁড়ায়
দুহাত ধরায় আশ।

পবিত্র শিশু

ফুলের মতো পবিত্র সেই
শিশুর কোমল মন,
ভালোবাসা খুঁজে বেড়ায়
হাসি সারা-ক্ষণ।

শিশু জানে ভালোবাসার
আদর কোথায় হয়,
ভালোবাসি মুখে বললেই
ভালোবাসা নয়।

বাঁকা চোখের চাউনি সেই
চেনে ভালো যেই,
মন্দ ভালো চিনতে পারেই
মুখটি দেখে সেই।

শিশুর কাছে শিশুর মতো
হতে হবে তাই,
তখন খুশি হাসির জোয়ার
ভালোবেসে পাই।

সৎ আদর্শের শিক্ষা দিলে
গুণে মহান মান,
পিতামাতার পুণ্য ফলে
ধন্য শিশুর প্রাণ।

ধৈর্য

মাটির মেঠো পথে পথে
গরিব ছিলো গাড়োয়ান,
এখন দেখি কলকাতাতে
কারখানা সেই বারোখান।

গরিব বলে করতো কতো
সবাই মিলে সেই হেলায়,
বিধিলিপি জানতো কে বা
টাকার পাহাড় সেই খেলায়!

ধনী ছিলো কতো তখন
উপহাসে মত্ত সেই,
এখন দেখি ঠেলা চালায়
কষ্ট অনেক লাগে যেই।

সবাই সুখী হলে তবে
ভালো থাকে আমার মন,
সবাই আমার আত্মজনে
শুভ কাম্য সারাক্ষণ।

সভ্য জগৎ মানব জাতি
সবাই সমান ধরায় তাই,
সৎ আদর্শে কর্মে যাই হোক
মহান মানুষ এমন চাই।

সবাই সবার প্রীতি ডোরে
সুস্থ সমাজ গড়তে হয়,
মরে অমর স্মৃতি ধরায়
যুগযুগ ধরে তবে রয়।

বিরহের ব্যথা

জীবন চলার পথের সাথী
বুঝতে শুধু ভুল,
মাঝের রাস্তায় একা বসে
পাই না খুঁজে কূল।

ভবের মেলায় দিশাহারায়
ঘুরে ঘুরে যায়,
দুখের আঁধার ঘিরে আসে
জীবন সন্ধ্যা হায়!

রঙিন সুখের স্বপ্ন ভুলে
হারায় গেলো মন,
নীরব কান্নায় অশ্রুধারায়
করছে জীবন পণ।

সুখের সাথে আড়ি দিয়ে
দুখের দিচ্ছে ডাক,
আশার জগৎ ছেড়ে দিয়ে
দুখের আপন থাক।

হৃদয় খুনের মর্ম ব্যথা
বোঝাবার যে নয়,
মানুষ খুনের থেকে বেশি
অনুভবে হয়।

জীবনের স্মৃতি

জন্ম নিলে মৃত্যু হবে, জানে সবে ভাই,
ক'দিনের এই ভুবন মেলায়, খেলা ঘরে তাই।
যেতে হবে সবার চলে, মায়া ভুলে যেই,
সময়ের ডাক এলে বাধ্য, হবে যেতে সেই।

ক'দিনের যে ভবের মায়া,মোহ ত্যাগে যায়,
যেতে হবে আপন ঘরে, কেউ নয় ভবে হায়।
পারাপারের কাজে সবে, অবহেলা নয়,
কর্ম গুণে পুণ্য ফলে, পারাপারের জয়।

মানব জনম নিয়ে সবে, ধন্য ধরায় হয়,
কর্ম গুণে মহান হবে, মিথ্যা কথা নয়।
যাবার সময় হলে সবে,যাবে চলে যে,
কেউ কেউ বিবেক জ্ঞানে মহান,হয়ে রয়ে সে।

মরে অমর হবে তবে, পুণ্য কিরণ রয়,
পূজিত সে সবার কাছে,যুগযুগ ধরে হয়।
শিক্ষিত যে হলে শুধু,সবে কি আর হয়,
মানবিক জ্ঞান থেকে বিশ্ব, ভুবন কারো জয়।

সুস্থ সমাজ গড়ে তোলা, সভ্য জাতির মান,
হিংসা ঘৃণা সবে ভুলে, সারাজীবন ক্ষণ।
সবার সুখে সুখী হতে, হবে তবে সুখ,
নয় তো তোমার মনে থাকে, কোনো কিছু দুখ।

কর্ম ফলে

মানব জাতি শ্রেষ্ঠ ধরায়
প্রভুর কৃপায় হয়,
হৃদয় মাঝে হিংসা আগুন
সুখ যে পুড়ে ক্ষয়।

মোটা মোটা বই যে পড়ে
উচ্চ শিক্ষা পাই
জ্ঞানী হওয়া সহজ নয় সে
জ্ঞানে গৌরব চাই।

প্রকৃত সেই সম্মানী হয়
সম্মান সবার চায়,
সৎ আদর্শে হয়ে থাকে
সবার সমান তায়।

কর্ম গুণে কেউ পূজা পায়
কেউ বা ঘৃণ্য হয়,
ভবের মেলায় ঘুরে বেড়ায়
জয় পরাজয় রয়।

ভালোবাসার কুসুম সাজে
ঠাকুর ঘরে যায়,
কেউ আবার যে কর্ম দোষে
দিশেহারা হায়।

আঁখির তারায়

কাজল কালো আঁখির তারায়
বিষন্নতায় হৃদয় ভরায়
মেঘলা মনে থাকে,
দূরে থেকে সোহাগ জড়ায়
সম্মুখে সে এসে দাঁড়ায়
হাতটা বাড়ায় রাখে।

হৃদয় সাগর সুখের তীরে
এসো এবার ধীরে ধীরে
রঙিন স্বপ্নের আশে,
সুখের রবি হেসে হেসে
হৃদ গগনে ওঠে ভেসে
খুশিতে মন ভাসে।

হারানো সুর মনে পড়ে
সুখের বাতি জ্বেলে ঘরে
চোখের জলে ভাসি,
বুকের মাঝে কাঁটা ফোটে
দুঃখী মনটা কেঁদে ওঠে
দাও না দেখা আসি।

ভবো সাগর

জীবন পথে চলতে গিয়ে
নানান বাধা হায়,
দিশেহারা সাগর সংসার
কূল খুঁজে না পায়।

মায়া তরু-তলে বসে
অহং ছায়া গায়,
ঈর্ষা ঘৃণা বাসা বাঁধে
লোভের আশা তায়।

লোভের তরী বাইতে গিয়ে
হাবুড়ুবু খায়,
অন্ধ কানাই অকূলে সেই
আপন খেয়া যায়।

আপন ভুলে ঘুরে মরে
সুখের তরী নেই,
স্বপ্ন রঙিন হারায় ফেলে
অশ্রু ঝরে সেই।

জীবন বিষে ভরে রয়ে
লোভের মৃত্যু হয়,
সদাচারী শুদ্ধ মনের
নাগালে হয় জয়।

সুখের তরী খেয়াঘাটে
পালের হাওয়ায় যে,
কল্পতরু বৃক্ষ মেলায়

এসে পড়ে সে।

মনে মনে সাধনায় সেই
মগ্ন হয়ে রয়,
সবার সুখে সুখী জীবন
প্রার্থনায় সে কয়।

জীবন সুখে ভরে ওঠে
বিশ্ব ভুবন সুখ,
ভুবন মাঝে আপন সবে
নেই যে কোনো দুখ।

অপার স্নেহ ভালোবাসা
মধুর সুখে মন,
বিশ্ব মানব সভ্য সমাজ
গড়ে সারা-ক্ষণ।

সুখের তরী বয়ে চলে
ভবো সাগর পার,
মরে অমর হয়ে ভবে
স্মৃতি রেখা তার।

স্মৃতি রেখা

ক'দিনের এই ভবে এসে
আমার আমার খালা,
গোনা দিনের শেষে সবার
ছাড়বে ভবের মেলা।

একে একে চলে যাবে
আগে পরে সবে,
মায়ার জগৎ পড়ে রবে
কেউ রবে না ভবে।

ক'দিনের এই আত্ম অহং
কারো রবে না যে,
মিছে মায়ায় ঘিরে কেন
কেউ কারো নয় যে সে।

সুখের সময় সবাই রবে
দুখের সময় নয় রে,
পৃথিবীটা এমন সাজায়
যুগযুগ ধরে হয় রে।

কর্ম গুণে মহান হবে
স্মৃতি রেখা রবে,
পৃথিবীতে আঁচড় কেটে
মরে অমর হবে।

অপেক্ষায়

যৌবন কুসুম ফুটে ওঠে
সৌরভ ছড়ায় আসে,
বাতাসে সে ভেসে বেড়ায়
খুশির জোয়ার আসে।

বৃদ্ধকালে অসহায় সেই
বন্দি ঘরে একা,
মনের কোণে দুঃখ জমে
পায়না কারো দেখা।

ভালোবাসার ভুবন গড়ে
দেখে মায়ার খেলা,
সুখের সময় সবাই পাশে
একা বিদায় বেলা।

হৃদগগনে মেঘের মেলা
সুখের রবি নয় যে,
গোধূলি রঙ এঁকে দিয়ে
বিদায় বলে যায় সে।

বসে বসে বন্দি জীবন
সেই অপেক্ষা করে,
সময়ের ডাক কখন আসে
আঁখি অশ্রু ভরে।

কবিতা কাগজের ফুল

মিথ্যা কথায় ভুলে কতো
নিজের ক্ষতি করে যায়,
দিনে দিনে ভন্ডর ভক্তয়
প্রভাবিতয় অন্ধ হায়।

অভিনয় রস থাকে বলে
মানুষ ভুলে যায় তবে,
বোকার মতো মহান ভাবে
মিথ্যের আয়ু কম ভবে।

কাগজের ফুল যতোই ভালো
দূরে থেকে সুন্দর হয়,
কাছে গিয়ে দেখবে যখন
সৌরভ কিছুই খুঁজে নয়।

সত্যি কথায় রস নেই তবে
ধীরে ধীরে হবে জয়,
মিথ্যের প্রদীপ জ্বলছে মতো
সত্যের বারি ছোঁয়ায় ক্ষয়।

সদাচারী হয় যে ধরায়
মানব জনম স্বার্থক রয়,
সাধুর পোশাক পরে নয় যে শুধু
মনটা সাধু করতে হয়।

পুরুষ ও প্রকৃতি

তুমি বন্ধু মনের মাঝে
স্বপ্ন সুখের দেশ,
রঙিন ফুলে ভ্রমর হয়ে
আছো ভালো বেশ।

তুমি ছাড়া পাগল মনে
কাটে না যে দিন,
তুমি বিনা জগৎ মাঝে
বাজে দুখের বীণ।

চক্ষু মেলে দেখি তোমার
সর্বব্যাপী বাস,
তোমার কৃপা হলে তবে
তোমার পেতে আশা।

সবার মাঝে দেখি তোমার
তোমার রূপের সাজ,
তুমি আছো আকারে সেই
সবার মাঝে আজ।

কখন আবার প্রকৃতি রূপ
ইচ্ছা তোমার হয়,
পুরুষ আর এই প্রকৃতি রূপ
সবার করো জয়।

স্বপ্নময় জীবন

মন পাখি আজ শুধু উড়ে যেতে চায়,
দূর দূর নীলিমায় আকাশের গায়।
সাদা কালো ঘন মেঘ ভেসে ভেসে যায়,
দেশ বিদেশে বেড়ায় কতো খুশি তায়।

স্বপনে দেখেছি কতো নীল পরী ভীড়ে,
মেঘের ভেলায় ভেসে যায় ধীরে ধীরে।
ইচ্ছা ডানা মেলে যায় উড়ে ভেসে ভেসে,
নীল পরীদের দেশে ভেসে ভেসে শেষে।

চাঁদের দেশে রূপালী আলোর মেলায়,
মেঘবালিকা সেথায় আপন খেলায়।
আনন্দ হাসির গানে নেচে গেয়ে যান,
সবার হৃদয় মেতে নেচে ওঠে গান।

সবুজ মনের বনে বসন্ত যে আসে,
শিমুল পলাশ রঙ রাঙা মেখে হাসে।
কৃষ্ণচূড়ায় রাঙায় আছে গাছে দূরে,
কুহু কুহু তান তুলে সে মধুর সুরে।

ফুলের বাহার বাগে অপরূপ ধরে,
নীল পরীদের দেশে এসে মন ভরে।
স্বপ্ন হলেও সে তবু লাগে কতো ভালো,
মধুর স্বপন সেও মে সুখের আলো।

সাধু মনে

চরিত্রটা ঠিক না হলে
ভালো কথা মুখে বলে
পুণ্য থেকে বহু দূরে,
মনুষ্যত্ব হারায় তবে
মানুষ রূপে পশু ভবে
অশান্তি আর দুখের সুর।

জীবন চলার পথে পথে
সবাই মিলে সাথে সাথে
হৃদয় ঘরে সুখের বাস,
সৎ আদর্শে হবে মনে
সবার ভালো জীবন ক্ষণে
পূর্ণ হবে মনের আশ।

ঈর্ষা ঘৃণা অহং ভুলে
ভালোবাসার দোলায় দুলে
সুখের স্বর্গে চলে যায়,
মানব জাতি সবাই সমান
কর্ম গুণে হবে মহান
সবার মাঝে ঈশ্বর পায়।

ভালো ভালো কথা মুখে
অন্যের ক্ষতি স্বার্থ সুখে
সাধু সেজে লাভের নয়,
যুগযুগ ধরে আছে সবে
সভ্য সমাজ গড়ে রবে
সাধু মনে হতে হয়।

মানবিক আচরণ

এলো আমার অতিথি ঘর
আনন্দে যে ভরেছে মন
আপনাদের সুখে যে ক্ষণ
সবে আমার নয়ে তো পর।

স্বজন সবে আমার দ্বারে
হৃদয় মাঝে রাখি যতন
সবার ভাবি হীরে রতন
সুখী আমি সবার তারে।

সমাজ গড়ে তুলতে হবে
সবার সুখে সুখী হয়েই
মানব হয়ে সবে রয়েই
জগৎ আলো জ্ঞানের তবে।

জীবন চলা হাতে হাত যে
সবার সবে আপন করে,
সুখে জীবন যাক না ভরে
ক্ষতি কী হয় কিছু সেই সে?

একটা ভবে সবাই রবে
মিলেমিশেই শান্তি মনে
থাকবে সবে সারাক্ষণে
এই তো খুশি সবার ভবে।

মায়ের স্নেহ

সন্তান সুখে গর্বিণী মা
মা যে শ্রেষ্ঠ ভবে,
মায়ের মতো আপন কেউ নয়
হৃদয় জানে তবে।

সকল দুঃখ বুকে চেপে
মাতৃস্নেহ আসে,
বিপদ সময় সবাই দূরে
মা যে থাকে পাশে।

মা হওয়া নয় মুখের কথা
মানব জগৎ মানে,
প্রথম গুরু মা যে আমার
শিক্ষা দানে আনে।

অ আ বলতে শেখায় কথা
মায়ের আশিস্ দানে,
সকল দুঃখে মায়ের কোলে
শান্তি আসে প্রাণে।

মা ছাড়া সব হৃদয় ফাঁকা
মায়ের ছোঁয়া আসে,
মায়ের স্নেহের পরশ মেখে
খুশির জোয়ার আসে।

সবে আত্মজনে

বিশ্ব মানব জাতি আমার প্রাণ
কেউ কোনো আঘাত পেলে,
হৃদয়টা খুব খুব কষ্ট পায়!
আমার যদি কোনো পুণ্য হয়ে থাকে
সেই সব দিয়ে ঈশ্বরকে বলি,
কাউকে কোনো কষ্ট দিও না।

সবাই ভালো থাকলে
মনটা আনন্দে ভরে ওঠে,
সবাই যে তোমারা
আমার অতি প্রিয় আত্মজনে
তোমরা যে আমার জীবনের জীবন।
তোমাদের হৃদয়ের ব্যথা বেদনা
আমি তো সহিতে পারি না!
খুব খুব দুঃখ হয়।

সব কথা কি মুখে বলতে পারি
মনের কথা অনেক অনেক...
জমা হয়ে হৃদয়টা বড়ো যন্ত্রনা করে।
তোমরা কি একটু ও বুঝতে পারো না?
আমি যে তোমাদের কতো খানি!
কী চেয়েছি ও কী ভেবেছি?
তোমাদের সভ্যতার সম্মান
আমার জীবন চলার পথের গৌরব।

আমিত্ব নয়

আমার আমিত্বের
পরাজয় হয়েছে,
আমার বিবেকের কাছে।
বিবেকের সিংহাসন
বড়ো নিষ্ঠুর নির্মম,
সেখানে নেই কোনো
স্নেহ মায়া মমতা
আশা ভালোবাসা।

রাজা প্রজা দরিদ্র ধনী
বাবা মা স্ত্রী পুত্র,
সবার চোখে সমান।
এটাই প্রকৃত বাস্তব,
একে তো ভোলা যায় না।
আড়াল করা উচিত নয়
কেন না এখন
একজন বিচারক।

ন্যায় নিরপেক্ষ
তার কর্মের আদর্শ
এটাই তো স্বাভাবিক।
সভ্য সমাজের ভবিষ্যৎ,
সভ্যতার আলোর পথে।
মানব মহান পরিচয়
বিশ্ব ইতিহাসে,
এই তো প্রকৃত শিক্ষা জ্ঞানে প্রকাশ।

আনন্দে উত্তেজিত নয়

দুঃখে ভেঙে পড়া নয়,
অবিচল অটল
মূল লক্ষ্যে থাকার জন্য
নিজেকে প্রস্তুত রাখা
প্রথম প্রয়োজন।
এটাই তো সুস্থ সমাজ
সভ্য যুগের গৌরব।

দুঃখে ভেঙে পড়া নয়,
অবিচল অটল
মূল লক্ষ্যে থাকার জন্য
নিজেকে প্রস্তুত রাখা
প্রথম প্রয়োজন।
এটাই তো সুস্থ সমাজ
সভ্য যুগের গৌরব।

মানবিক ধর্ম

ধর্ম নিয়ে কতো কথা
ধর্ম কি সে বুঝতে হবে,
সভ্য জাতি মানব সমাজ
জ্ঞানে গুণে মহান তবে।

সৃষ্টিকর্তার সৃষ্টি সবে
মানব সবাই সমান ভবে,
একটাই স্রষ্টা আছে তিনি
সবাই তারি সৃষ্টি সবে।

নিরপেক্ষ সৎ আদর্শে
সেই প্রকৃত মানব ধর্মে,
সবাই সবার আত্মজনে
শিক্ষা দীক্ষা মহান কর্মে।

ঈর্ষা ঘৃণা অহং লোভে
মানবতা হারিয়ে যায়,
ক্রোধে হচ্ছে জ্ঞান শূন্যতে
মানব জন্ম বৃথা সব হায়।

কারো মনে আঘাত দিয়ে
নিজে মহান ভাবতে পারে,
সেটা কোনো ধর্ম নয় সেই
আত্ম অহং শুধু তারে।

সবাই প্রেমের আলিঙ্গনে
মধুর মিলন মেলা ধরায়,
তবেই স্রষ্টা তুষ্ট হবে

ধর্ম আপন করে জড়ায়।

ধর্মের নামে ধর্ম গড়ে
শুধু দ্বন্দ্ব সৃষ্টি করে,
সবার আগে মানুষ ভাবো
সেই প্রকৃত ধর্ম গড়ে।

জীবনের দিন গোনা আছে
শেষ হয়ে সেই কখন যাবে,
বিদায় বেলা দেখবে কাছে।
কে আছে আর সাথে পাবে!

মানব থেকে বড়ো কিছু
নেই তো দেখো ভবের মাঝে,
সভ্য জাতির ধর্ম শ্রেষ্ঠ
মানবিক সেই ধর্মে সাজে

মানব ধর্ম "মানবিক" সেই
সবার সুখে সুখী সাথে,
বিশ্ব মানব জাতির শ্রেষ্ঠ
দায়িত্ব সেই সবার হাতে।

মহান গুণী

দেখছি জীবন রঙিন ছবি
তোমার মনের গভীর কথায়
হরিণ চোখে ভেসে ওঠে
দেখছি আপন যথা তথায়।

তোমার মনের গোপন ব্যথা
ফুটে ওঠে আয়না চোখে,
স্বপ্ন সুখের ছবি আঁকা
অশ্রু আঁখির পাতায় ঝুকে।

ভালোবাসার ভুবন গড়ে
দুটি মনের সেই বিশ্বাসে,
ভাঙে না যে ঘর কোনো দিন
বেঁচে তাই সেই সে নিঃশ্বাসে।

মুক্ত মনে সুপ্ত শান্তি
জাগে কতো সে বাসনা,
জীবন পথে আলোয় দেখে
এই তো শুধু থাক সাধনা।

টাকা পয়সা সোনাদানা
সুখের কথা বোঝে না সে,
মায়া লোভের জালে জড়ায়
সুখের স্বর্গে নরক হয় যে।

সুখের স্বর্গে ছবি আঁকে
মাটির ভুবন মাটির ঘরে,
কেউ বা চিতায় কেউ বা কবর

অল্পে খুশি আপন করে।

আপন ভবে আপন করে
সুখের স্বর্গে গড়ে তুলে,
স্বপ্ন রঙিন মধুর লাগে
অধিক লোভে যারে ভুলে।

প্রভাত রবি কিরণ দিয়ে
ওঠে আকাশ নীলে ভেসে,
সময় হবে অস্ত যাবে
আঁধার নামবে আবার শেষে।

ভালোবাসার নামে যারা
অভিনয় আর অভিনয় সেই,
শেষের দিনে হিসাব কোষে
পাওনা দেনা শোধ হবে যেই।

ক'টাদিন এই ভবের মেলায়
সভ্য জাতি মানব ধর্মে,
সৎ আদর্শের পরিচয়ে
মহান গুণী হলে কর্মে।

হিসাব রক্ষক

ঈর্ষা ঘৃণা করলে পরের
নিজের ক্ষতি তবে,
পরের সুখে আগুন দিলে
নিজের দুঃখ হবে।

সৎ আদর্শে সব লোকেদের
বোকা মনে করে,
লোক ঠোকিয়ে অট্টহাসি
বিপদ ডাকে ঘরে।

বোকা হলে কমেই ঠকে
পৃথিবীতে যে সেই,
বুদ্ধিমানে ঠোকাতে চায়
বেশি ঠকে সে যেই।

সদাচারী যদি তুমি
প্রভুর কৃপা পাবে,
কর্ম গুণে মহান বিজয়
স্মৃতি রেখে যাবে।

মানব মাঝে বিরাজ করে
তোমার আপন প্রভু,
সুস্থ সমাজ জ্ঞান বিবেকে
বিকল্প নেই কভু।

সভ্য জগৎ গড়বে সবে
মানব জাতির মানে,
মরে অমর হবে ধরায়

শান্তি মনে প্রাণে।

জীবন বেলা নয় যে হেলা
সময় কোথায় কাজে,
কখন আছি কখন যে নেই
সময় নষ্ট সাজে।

কাল কাল করে নয় যে কাজে
শুভ কর্ম আগে,
করতে হবে আশা পূরণ
মনের স্বপ্ন জাগে।

সবাই তোমার আত্মজনে
ভাবো মনে মনে,
ভবের মেলায় সবে সমান
বুঝে বিদায় ক্ষণে।

সকাল হলে সন্ধ্যা হবে
ভেবে দেখো সবে,
যেতে হবে সবার চলে
কেউ রবনা ভবে।

মানবিক জ্ঞান

রক্ত দানে পুণ্য কাজে
মানবতার কাজ,
উদার মনের সভ্য সমাজ
ভাবতে হবে আজ।

নিজের রক্ত দানে বাঁচে
অন্যের জীবন যেই,
মরে অমর হয়ে থাকবে
তার জীবনের সেই।

রক্তের কোনো জাতি নয় যে
দুটি জাতি সেই,
সভ্যতায় আর অসভ্যতায়
এর বেশি আর নেই।

যুগযুগ ধরে সভ্য জগৎ
সভ্যতার আশ হয়,
সবাই মিলে সভ্য সমাজ
সবের ভবে জয়।

মানবিক জ্ঞান শিক্ষা হবে
বিবেক জ্ঞানে পাই,
উদার মনে প্রীতির বাঁধন
আর কিছুতে নাই।

সবার সুখে জীবন পথে
চলতে গিয়ে তাই,
নিজের পুণ্য যদি হয়ে

সবটা দিতে চাই।

সবার ক্ষমা করো প্রভু
ভজন করে যাই,
সবাই তোমার সন্তানে তাই
তোমার চরণ ঠাঁই।

সবার সবে সব অপরাধ
ক্ষমা করো দাও,
প্রার্থনায় চাই সবার তুমি
নিজের করে নাও।